Rabbi Nilton Bonder

Der Rabbi hat immer recht

Die Kunst, Probleme zu lösen

Aus dem Amerikanischen
von Thomas Preuß

Pendo
Zürich München

Meiner Tochter Alice

Wir können uns so schlecht entscheiden,
weil wir nicht wissen, was wir wollen –
und ob wir es überhaupt wollen.

Inhalt

Einleitung

Wir beschäftigen uns hier mit der Kunst, Probleme zu lösen. Damit knüpfen wir an eine alte Tradition an, die über einem Grundmotiv der jüdischen Geschichte anklingt: der Erfahrung immer wiederkehrender Not und Bedrängnis. Not macht bekanntlich erfinderisch, und was der Mensch erfindet, sind nichts anderes als Lösungen. In unserem Fall brachte der äußere Druck einen scharfsinnigen und raffinierten Umgang mit den inneren Einstellungen hervor. Die Juden selbst nennen diese Kunst, die Dinge einmal anders zu sehen, den »jiddischen Kopp«. Was sie damit meinen, ist keine strenge Methodenlehre und kein ausgefeiltes Wissenssystem. Es geht vielmehr um die Fähigkeit, die Probleme so lange auf sich zukommen zu lassen, bis sie so etwas wie ihre kritische Masse erreichen. Sind sie einmal derart bedrohlich angewachsen, so weiß der *jiddische Kopp*, lösen sie einen geradezu existentiellen Prozeß in unserem Bewußtsein aus: Plötzlich fragt man sich, ob das, was gemeinhin als unmöglich gilt, denn tatsächlich unmöglich sein muß. Damit markiert der *jiddische Kopp* einen Wendepunkt, der eintritt, nachdem man schon alle Hoffnungen begraben hatte. Auf einmal kehrt das Leuchten in die bereits ermatteten Augen zurück – und man ist wieder im Spiel. Und wie! Denn jetzt besitzt man eine einzigartige Fähigkeit, das Blatt zu wenden und den Gegner ausgerechnet in dem Augenblick schachmatt zu setzen, in dem man schon mit dem Rücken zur Wand steht. In einer solchen Extremsituation ist der Mensch nämlich in der Lage, herkömmliches Denken über den Haufen zu werfen. Damit werden genau die Grenzen gesprengt, die einen zuvor immer auf der Verliererstraße gehalten haben. Aber jetzt macht sich der *jiddische Kopp* zum Herrn des Verfahrens, und es eröffnen sich ihm völlig neue Möglichkeiten, die zuvor buchstäblich un-denkbar gewesen waren.

Die Lösungen, auf die der *jiddische Kopp* kommt, erinnern mich an die alte Fernsehserie *Flash Gordon*. Da war der Held regelmäßig am Ende einer Folge in höchster Gefahr; seine Lage schien aussichtslos. Wir dachten dann immer: »So, das war's jetzt, da kommt er nicht wieder raus.« In den Tagen bis zur nächsten Folge spielten wir zwar dennoch alle Fluchtmöglichkeiten durch, die uns einfielen, aber am Ende mußten wir immer wieder feststellen: »Nein, das klappt auch nicht.« Zu Beginn der nächsten Folge wurden dann die letzten Szenen noch einmal wiederholt, allerdings mit einem kleinen Unterschied. Denn diesmal wurde irgendein neues Element, wie zum Beispiel ein Seil, eine Waffe oder ein versteckter Freund, eingeblendet. Wir fühlten uns natürlich an der Nase herumgeführt und waren uns sicher, daß dieses Element, mit dem der Held schließlich doch aus der Klemme kommen sollte, beim erstenmal nicht zu sehen gewesen war. Der Unterschied in den Einblendungen steht aber für genau die Blindheit, die uns davon abhält, an Dinge zu denken, mit deren Hilfe wir doch noch auf neue Lösungen kommen könnten. Und vielleicht erklärt diese Blindheit ja auch umgekehrt die Dreistigkeit gewisser Produzenten und Regisseure.

Wenn wir es mit einem neuen Problem zu tun haben, können wir die Lösung, die im verborgenen liegt, nicht sehen. Gelingt es uns aber, die Ketten konventioneller Lösungsansätze zu sprengen, entdecken wir irgendwann zu unserer Überraschung solche verborgenen Fenster.

Betrachten wir zum Beispiel die Lösung eines klassischen geometrischen Problems: Wie kann man einen Punkt mit einem anderen Punkt auf dieser Ebene verbinden, ohne dabei dritte, dazwischenliegende Punkte derselben Ebene zu berühren? Dies erscheint unmöglich – aber nur solange man in zwei Dimensionen denkt. Sobald man jedoch die Aufgabe in einen dreidimensionalen Zusammenhang stellt, wird sie lösbar. Dann kann man nämlich in der dritten Dimension von A nach B kommen.

Ein anderes Beispiel liefert Steven Spielberg in seinem ersten Indiana-Jones-Film *Auf der Suche nach dem verlorenen Schatz*. Es ist ein besonders spannender Augenblick: Die junge Heldin ist in einer entsetzlichen Notlage, und der Held wird von einem furchteinflößenden Kämpfer, der seinen Säbel eindrucksvoll durch die Lüfte schwingt, zum Kampf gestellt. Während der Zuschauer noch von dieser beeindruckenden Erscheinung, die dem Held den Weg versperrt, in den Bann gezogen ist, zieht dieser einfach seinen Revolver und bereitet dem ganzen Spuk ein Ende.

Die Lösungen, die plötzlich aufscheinen, wenn wir uns von alten Denkmustern und gesellschaftlichen Regeln frei machen – im Grunde also Lösungen, die dadurch entstehen, daß wir uns nicht mehr von dem verführen lassen, was uns als erstes in den Sinn kommt –, bestechen immer wieder durch ihre Schlichtheit. Für den Außenstehenden mag darin sogar etwas Komisches liegen. Es ist eben kein bestimmtes Wissen, mit dem man den *jiddischen Kopp* erlangt, sondern schon eher die Fähigkeit, über ein bestimmtes Nicht-Wissen einfach hinauszugehen. Es gab einmal eine Quiz-Show, in der wurde ein Kandidat in eine Kabine gesetzt, dann sollte er einen Preis aussuchen. Er konnte also nicht genau wissen, was ihm da eigentlich angetragen wurde. »Möchten Sie ein nagelneues Auto gegen einen alten Schuh eintauschen?« fragte schon mal der Quizmaster, und der Kandidat in der Kabine antwortete mit naiver Selbstsicherheit »ja«. Das Publikum hatte daran natürlich sein Vergnügen. Weil die Kandidaten in dieser Kabine eingesperrt waren – Sinnbild für Taubheit, Blindheit und Unwissenheit –, ließen sie sich dazu verleiten, völlig absurde Entscheidungen zu treffen. Doch Vorsicht! Auch wir befinden uns immer wieder in solchen Kabinen, sprich bestimmten Verhältnissen, und jemand, der uns nur einen Tag lang von außen beobachten könnte, fände wahrscheinlich auch in unserem Leben so manche Absurdität.

Man könnte also sagen, der *jiddische Kopp* entsteht in dem Augenblick, in dem sich dieser Nebel des Nicht-Wissens lichtet. Wenn es um das nackte Überleben geht, sieht man klar; und genau daraus erwächst die Stärke, um die es hier geht. So wie sich ein Hund mit Beißen wehrt und eine Katze mit Kratzen, haben die Juden eine Art der Selbstverteidigung entwickelt, die darin besteht, daß man festgefahrene Situationen aufbricht und damit ganz verblüffende Handlungsmöglichkeiten aufzeigt. Allein dadurch, daß sie überlebt haben, sehen sie sich bestätigt, ja, sie zelebrieren ihren Erfolg geradezu auf Schritt und Tritt.

Der Befund »unmöglich« gilt immer nur unter bestimmten Bedingungen, die sich auch verflüchtigen können, und wer das weiß, der gibt nie mehr auf. Mehr noch: Er beflügelt seine Phantasie durch eine Grundhaltung, die den Umständen trotzt. Schon durch den Beschluß, einfach nur im Spiel zu bleiben, tun sich Möglichkeiten auf, die ganz offensichtlich für den, der das Handtuch geworfen hat, gar nicht existieren.

Die folgende Geschichte aus dem Mittelalter kann uns davon berichten:

Ein Kind wurde in einem Dorf tot aufgefunden. Sofort bezichtigte man einen Juden des Verbrechens und unterstellte ihm, er habe das Opfer in einem makabren Ritual umgebracht. Der Mann wurde ins Gefängnis geworfen. Er wußte, daß er als Sündenbock herhalten sollte, und so räumte er sich in dem bevorstehenden Prozeß keine Chance ein. Er bat, einen Rabbi sehen zu dürfen, und es wurde ihm gewährt.

Der Rabbi fand einen vollkommen verzweifelten Mann vor, der fest davon ausging, daß ihn nur die Todesstrafe erwartete. Aber der Rabbi sprach ihm Mut zu: »Du darfst nie glauben, daß es keinen Ausweg mehr gibt. Der Teufel persönlich – Gott behüte! – führt dich mit diesem Gedanken in Versuchung.«

»Aber was soll ich denn tun?« fragte der Verzweifelte.

»Du darfst dich nur nicht aufgeben, dann wird sich schon irgendein Weg finden.«

Als der Tag des Gerichts kam, wollte der Richter den Eindruck erwecken, als würde der Angeklagte einen fairen Prozeß bekommen. Er sagte also zu dem Gefangenen:

»Ihr Juden seid doch gläubige Leute. Ich will deshalb ein Gottesurteil herbeiführen. Siehe diese zwei Zettel. Auf den einen schreibe ich ›unschuldig‹, auf den anderen ›schuldig‹. Du wirst dann einen auswählen; auf diese Weise möge Gott über dein Schicksal bestimmen.

Wie der Jude richtig erahnte, schrieb nun der Richter auf beide Zettel das Wort »schuldig«. Normalerweise würden wir jetzt sagen, daß der Jude wegen dieser Manipulation keine Chance mehr hatte. Wie sollte er denn jetzt noch einen Zettel mit dem Wort »unschuldig« ziehen können?
Doch dann dachte der Angeklagte an die Worte des Rabbis und überlegte eine Weile. Plötzlich ging ein Leuchten durch seine Augen. Er schnappte sich einen Zettel und verschluckte ihn. Die Zeugen dieser Szene waren verstört und fragten: »Warum hast du das getan? Wie sollen wir jetzt das Gottesurteil erfahren?«
»Ganz einfach«, antwortete der Jude. »Lest, was auf dem anderen Papier steht, und ihr wißt, wofür sich Gott nicht *entschieden hat. Das Gegenteil soll mein Schicksal sein.«*

Mit einem Mal merken wir, daß der Mann nur im Rahmen normaler Verhaltensweisen chancenlos war. Die Not aber zwang ihn zur Gerissenheit, und so schuf er einen neuen Bezugsrahmen, in dem seine Chancen, den Kopf doch noch aus der Schlinge zu ziehen, von null auf hundert Prozent hochschnellten. Oder anders gesagt: Er sprengte die Grenzen des Denkbaren und wendete damit den Gang der Dinge in ihr Gegenteil.

Das vorliegende Buch widmet sich dieser Kunst, neue Bezugsrahmen zu schaffen – eine Kunst, die eng mit der jüdischen Kultur verbunden ist. Erforscht man die Geheimnisse dieser Tradition, landet man mitten in der jüdischen Neigung, der Wirklichkeit nur mit Vorsicht zu begegnen. Die kabbalistische Tradition behauptet schon seit alters her, daß die Wirklichkeit ähnlich einer Zwiebel in Schichten angelegt ist. Wenn wir diese Schichten nach und nach abziehen, können wir der Wirklichkeit viel besser auf die Schliche kommen, als würden wir nur eine ihrer Facetten betrachten.

Man kann die Wirklichkeit in vier Welten, oder sagen wir Dimensionen aufteilen. Dementsprechend wird auch diese Darstellung in vier derartige Teile gegliedert. Dabei geht es weniger darum, wie man Lösungen entwickeln, als vielmehr darum, wie man aus den Strukturen des Nicht-Wissens ausbrechen kann. Denn diese Strukturen werden der Wirklichkeit mit ihrer schillernden Vielfalt einfach nicht gerecht.

Diese vier Welten finden ihre Entsprechung in den folgenden vier Bereichen, die der Alte Rebbe* entwickelt hat:

* Der Alte Rebbe ist Reb Schneur Salem aus Ljady (1746–1812), einer der großen chassidischen Meister und Verfasser von *Tanja.*

1. Die Welt, in der Erkennbares erkennbar ist
2. Die Welt, in der Erkennbares verborgen ist
3. Die Welt, in der Verborgenes erkennbar ist
4. Die Welt, in der Verborgenes verborgen ist

Wissen – Die Welt, in der Erkennbares erkennbar ist

Die *Welt, in der Erkennbares erkennbar ist*, ist die Dimension menschlicher Erkenntnis, in der die Dinge klar und gegenständlich vor uns liegen. Hier gibt es nur *eine* unbekannte Größe inmitten eines reichhaltigen Fundus an eindeutigen Informationen. Da es bei so viel Licht nur wenig Dunkel gibt, scheint alles ganz offensichtlich auf ein greifbares Ergebnis hinzudeuten. Man hat den Eindruck, als ließe sich die Zeit auf einen bestimmten Augenblick, ja einen einzigen Zeit-*Punkt* zusammendrängen. Das Universum steht still und erlaubt uns, Vorhersagen zu treffen und Schlußfolgerungen zu ziehen. In dieser Welt herrscht unangefochten die Logik, und sie läßt sich ohne Probleme anwenden.

Doch lauert hier auch eine ständige Gefahr: Allzu leicht vergessen wir, daß es sich in dieser Welt um eine verkürzte Darstellung der Wirklichkeit handelt. Unser Verstand findet sich hier so gut zurecht, daß wir uns schnell dazu verleiten lassen anzunehmen, alles ließe sich in solchen Grenzen bannen. Wer für eine Sache blind ist, weiß auch nicht, daß er sie nicht sieht. Im Gegensatz dazu glaubt aber oft derjenige, der eine Sache sieht, daß das, was er von ihr sieht, auch schon alles ist. Daher heißt es: »Sie haben einen Mund und reden nicht, Augen und sehen nicht; sie haben Ohren und hören nicht« (Psalm 135, 16–17).*

Sehen zu können ist also ein Vermögen, es bedeutet aber zugleich auch eine Einschränkung. Doch das wollen wir natürlich nicht gerne wahrhaben. Wenn Kinder in der Grundschule lernen sollen, ein mathematisches Problem zu lösen, werden ihnen die Bedingungen verkürzt dargestellt. Das logische Denken wird beispielsweise folgendermaßen geschult: »Ein Junge kaufte sechs Äpfel. Als er nach Hause kam, hatte er nur noch zwei. Wie viele hat er unterwegs verloren?« Plausible Antworten könnten zum Beispiel lauten: »Keinen«, »drei«, »sechs« und »zwei« – wie das?

»Keinen«, weil ihm die Äpfel unterwegs gestohlen wurden. Oder man argumentiert, daß Äpfel gar nicht verlorengehen können, sondern immer im Naturkreislauf bleiben. »Drei«, weil er einen unterwegs aufgegessen hat. »Sechs«, weil die Äpfel schlecht und somit alle ungenießbar geworden sind. »Zwei«, weil er die Äpfel mit 50 Prozent Rabatt gekauft hat.

Natürlich lautet aber die von unserer gängigen Logik akzeptierte Antwort »vier«. Man könnte diese aber auch als die Antwort mit den wenigsten Hintergrundinformationen bezeichnen. So gesehen ist sie die schlechteste. Die Antwort »zwei« hingegen berück-

* Bibelzitate nach: *Die Bibel. Altes und Neues Testament. Einheitsübersetzung*. Freiburg i.Br. 1980.

sichtigt ganz elementare Dinge des Lebens und ist reich an Informationen. Wenn es dem Jungen gelang, den Preis auf die Hälfte herunterzuhandeln, dann wäre der Verlust nur halb so groß und entspräche also zwei Äpfeln zum normalen Preis. Das wäre dann nicht nur gute Buchhaltung, sondern es würde uns gleichzeitig etwas über die menschliche Natur und unseren Umgang mit Verlusten erklären.

Denn immer wieder denken wir in solchen Bahnen. Nehmen wir einmal an, wir haben gerade Geld verloren. Woran denken wir als nächstes? Uns fällt ein, daß wir gerade woanders einen großen Gewinn erzielt haben, und wir rechnen den Verlust gegen den Gewinn auf. Das ist zwar keine absolute Wahrheit, aber es ist unsere ganz existentielle Wahrheit.

Wenn wir die Wirklichkeit allzu wörtlich nehmen, blockieren wir uns den Zugang zu weiterführenden Einsichten. Wir können ihn uns hingegen verschaffen, indem wir andere Aspekte der Wirklichkeit einführen (der Junge konnte den Preis herunterhandeln), Dinge hinterfragen (Gingen die Äpfel verloren? Wurden sie gegessen oder gestohlen?) oder Sachverhalte in einen größeren Zusammenhang stellen (Äpfel gehen nicht verloren, da sie immer im Naturkreislauf bleiben). Denn das Leben verlangt ständig von uns, daß wir die Welt in einen weiteren Blick nehmen. Wer engstirnig ist, findet sich in ihr nicht zurecht. Freilich hat auch die Welt des Konkreten, in der Erkennbares erkennbar ist, eine ganz wesentliche Bedeutung. Raschi,* einer der ganz Großen in der jüdischen Kultur, beschäftigte sich sein ganzes Leben lang mit wörtlichen Interpretationen und machte daraus eine hohe Kunst. In seiner großen Weisheit wußte er, daß die Antwort »vier« in unserem kleinen Rechenbeispiel Enormes bewirken kann – wenn man sich dabei bewußt ist, daß man nur einen Teil der Wirklichkeit abgedeckt hat. Das jüdische Sprichwort »Paß auf! Wenn du weiter in diese Richtung gehst, kommst du am Ende noch an!« beschreibt alles andere als eine überflüssige Selbstverständlichkeit. Um hinter die Kulissen der rein sprachlichen Ebene blicken zu können, müssen wir begreifen, daß das Gesprochene nie für sich alleine steht. Es ist immer nur ein Teil der Wirklichkeit und wurde isoliert, damit wir seine Bedeutung in diesem engen Rahmen besser erfassen können. Raschi wußte das. Ihm war klar, daß sich unter der sprachlichen Oberfläche die tieferen Bereiche unseres Erfahrungsschatzes ausbreiten. Wenn man aber an diese Dimensionen herankommen will, muß man stets den Hintergrund (oder Rahmen) mit einbeziehen, durch welchen die Worte und Sätze erst ihre Bedeutung erlangen.

Wirklich weise ist derjenige, der Aussagen einerseits auf ihrer Sprachebene gründlich untersucht, der

* »Raschi« ist das Akronym für Rabbi Salomo ben Isaak (1040–1105).

sie aber auch stets mit dem in Zusammenhang bringt, was sie mit Absicht verschweigen.

Das ist der geschulte Blick eines kabbalistischen Sprachdeuters. Für ihn sind ein Text oder eine Aussage in schwarzem Feuer geschrieben, doch die Leere um die Buchstaben – sie ist im weißen Feuer – ist ebenso wirklich und entstand genauso absichtlich und ausgefeilt wie das Gesagte selbst.

Wenn wir auch die feinsten und verborgensten Ebenen des Universums erkennen wollen, muß uns zunächst das Einfache und Konkrete überraschen. Diese Überraschung ermöglicht dann einen neuen Blick, der uns die Dinge aus der Perspektive des Verborgenen nahebringt. Sobald wir das benachbarte Feld des Nicht-Wissens abgesteckt haben, werden wir Aussagen, die zunächst konturlos und auf sich selbst bezogen erschienen, in einem völlig neuen Licht sehen.

Die *Welt, in der Erkennbares erkennbar ist*, erstreckt sich tatsächlich bis zur *Welt, in der Verborgenes verborgen ist.* Diese Linie entspricht dem Horizont als der Grenze, bis zu der das menschliche Auge zu blikken vermag. Hier treffen die Welten, Himmel und Erde, aufeinander – beziehungsweise sie scheinen sich zu begegnen. Aus unserem Blickwinkel berühren sich dort das rational Faßbare und das Erhabene, aber der Himmel küßt die Erde ja nicht im buchstäblichen Sinn: Dort angekommen muß man vielmehr feststellen, daß der Horizont immer gleich weit entfernt bleibt. Erst wenn man den nötigen Abstand gewinnt und um die grundlegenden weißen Flecken weiß, die das Wissen umgeben (ich nenne sie »Nicht-Wissen«), kann der Wissenschaftler am Horizont die Erdkrümmung messen – und der Kabbalist die Verbindungen zwischen Dingen finden, die sich nur für das menschliche Auge, aber nicht wirklich berühren.

Wenn wir Bereiche des Nicht-Wissens entdecken wollen, ist für uns Menschen die *Welt, in der Erkennbares erkennbar ist,* das einzige und entscheidende Mittel, um dorthin zu gelangen.

Der Text und sein Zusammenhang

Historiker, Biographen und Literaturwissenschaftler suchen gleichermaßen und unermüdlich nach Quellen und Daten in ihrer ursprünglichen, unverfälschten Gestalt. Diese Fachleute sind bestrebt, bestimmten Fragen möglichst gründlich nachzugehen, und brauchen deshalb Originaldokumente in ihrer sprachlichen Reinform. Je weniger Ergänzungen oder Streichungen im Laufe der Zeit an einem Dokument vorgenommen wurden, desto wertvoller ist es. Mit einem authentischen Quellentext kann man Thesen bestätigen oder Spekulationen zurückweisen. Man kann mit seiner Hilfe den Weg aus dem Dunkel des Nicht-Wissens weisen, Theorien mit Inhalt füllen oder einfach den Kenntnisstand erweitern.

Das Paradebeispiel für ein solches Verhältnis zwischen Quelle und Wissen liefert die Bibelexegese. Die Auslegung der Schrift geschieht in einem ständigen Wechsel zwischen Zitat und Deutung. Auch wenn nicht gleich jeder zustimmen wird, wage ich es dennoch zu behaupten, daß Interpretationen sogar Auswirkungen auf die unmittelbare Aussagekraft eines Textes haben können. Denn es liegt ja an uns, den Bereich festzulegen, in dem sich die *Welt, in der Erkennbares erkennbar ist*, für jedermann unmittelbar verständlich ausdrückt. Das ist also der Bereich, der völlig frei ist von Nicht-Wissen (d. h. von Verborgenem), das die Lesbarkeit erschwert und den Verstehensprozeß beeinträchtigt.

Die *Welt, in der Erkennbares erkennbar ist*, muß sorgfältig nach außen abgegrenzt werden. Das ist notwendig, aber auch außerordentlich gewinnbringend, weil der Mensch nur über diese Dimension überhaupt in die Lage kommt, etwas von den verborgensten Bereichen des Verborgenen in Erfahrung zu bringen. Es wird also zu unserer vornehmsten Aufgabe, *den Urtext eines zu untersuchenden Dokuments, Gedankens oder situationsgebundenen Zusammenhangs zu bestimmen.* Die spätere Auslegung steht und fällt damit, daß wir an dieser Stelle die konkreten, objektiven Dimensionen des Textes erkennen. Dabei dürfen wir freilich nie vergessen, daß wir es an sich mit einem Objekt flüchtigen Charakters zu tun haben.

Wenn man einen Text oder dessen Zusammenhang zwar auf seiner konkreten sprachlichen Ebene erfaßt, dabei aber seinen flüchtigen Charakter übersieht, unterbricht man jenen heiligen Verstehensprozeß, in dessen Verlauf sich Sinnfragmente von einem Umfeld des Nicht-Wissens abheben. Wenn man einen Text oder eine These nur auf deren objektiver Ebene erfaßt, vergrößert man damit nur noch die Unwissenheit. Der Umgang mit dem Nichts und mit der Leere erfordert größte Vorsicht, damit sich das, was soeben Gestalt angenommen hat, nicht gleich wieder in nichts auflöst. Daß so etwas schnell passiert, merken wir daran, wie schwer es ist, Probleme zu lösen. Das Geheimnis der Kabbalisten besteht darin, den ursprünglichen Text zu erhalten, um mit seiner Hilfe Erkennbares, das verborgen ist, oder Verborgenes, das erkennbar ist, oder sogar Verborgenes, das verborgen ist, zu enthüllen. Kabbalisten schützen sich vor dem Wahnsinn (d. h. vor der Leere), indem sie nie den Kontakt zu der *Welt, in der Erkennbares erkennbar ist,* abbrechen lassen. Nur auf der Basis eines wirklich soliden Quellentextes kann man es wagen, ungewöhnliche Wege zu beschreiten. Der Dichter und Philosoph Jacques Derrida bemerkt hierzu: »Bücher sind für Juden – und für Dichter – in sich geschlossen und kreisen in schier endlosen Bahnen um sich selbst; ihr ganzer Inhalt erschöpft sich in Selbstdarstellung. Juden und Dichter leben ganz im Text: wie literarische Figuren ziehen sie durch ihn hindurch ... Aus den Scherben der gebrochenen Gesetzestafeln erhebt sich der Dichter; hier wurzelt sein Recht auf Meinungsfreiheit. Wieder einmal entsteht das Abenteuer eines Textes wie die Kornblume im Weizenfeld, ist wie der illegale Fremde, weit entfernt vom ›Mutterland der Juden‹ – ein ›heiliger Text, umgeben von seinen Deutungen‹.«

Solche »illegalen« Auslegungen gehen in erster Linie auf das Konto einer wortgetreuen Wiedergabe. Sie vermitteln ein Verständnis, das die *Welt, in der Erkennbares erkennbar ist*, übersteigt, ohne dabei die Haftung an dieser Sprachebene zu verlieren.

Auf die Frage »Was ist die wichtigste Eigenschaft, die ein Schriftsteller haben muß?« könnte ein *jiddischer Kopp* antworten: »Daß er nur wenig Appetit hat.« Der *jiddische Kopp* hätte damit die Frage ganz wörtlich genommen, denn sie will ja in Erfahrung bringen, welches die praktischste Eigenschaft ist, die ein angehender Schriftsteller mitbringen muß. Natürlich wären auch andere Antworten nicht verkehrt, aber diese trifft den Nagel auf den Kopf. Denn sie weist auf eine Voraussetzung hin, die gewiß nicht hinreichend ist, dafür aber zweifelsfrei für jeden gilt, der diesen Weg einschlagen will. Sie berücksichtigt also eine besonders umfassende Sicht von Wirklichkeit, weil sie nicht einfach das in der Frage durchaus implizierte Thema ausklammert, ob man denn auch von der Schriftstellerei leben könne. Damit stellt sie sich quer zum konventionellen Denken, das uns sofort eine Reihe literarischer Fähigkeiten in den Sinn kommen läßt, um eine passende Antwort zu geben. Für uns ist es an dieser Stelle wichtig zu begreifen, daß wir hier eben nicht auf dem Gebiet der Interpretation, sondern auf dem der unmittelbaren sprachlichen Ebene sind. Die Antwort eines *jiddischen Kopps* will dem Begriff »Schriftsteller« keine neue Bedeutungsebene hinzufügen; sie biegt nicht das ursprüngliche Frageinteresse um, sondern geht tatsächlich darauf ein, was ein Schriftsteller »haben muß«; schlußendlich wird sie auch dem Begriff »Eigenschaft« gerecht. Sie hält sich voll und ganz an die sprachlichen Vorgaben.

Die Frage der Gefäße

Die unmittelbare sprachliche Ebene ist deshalb so wichtig, weil auf dieser etwas ausgesagt wird. Diese Aussagen stecken aber zugleich den Bereich des Unausgesprochenen ab – und damit sind wir in der Sphäre aller Geheimnisse dieser Welt. Die jüdische Liturgie kennt den aus der Bibel entlehnten Satz: »Gott sprach und die Welt entstand.«* Nach der Kosmogonie der lurianischen Kabbala bedeutet Schöp-

* Beim Morgengottesdienst in den einleitenden Gebeten (*pesukei de-simra*) vor den Psalmen.

fung den Vorgang, in dem etwas behauptet wird; gleichzeitig wird aber in diesem Akt auch das geschaffen, was gerade *nicht* behauptet wird. Gott schuf Raum innerhalb seiner selbst, so daß die Leere überhaupt erst entstehen konnte. Er richtete es so ein, daß bei jeder beliebigen Behauptung das Ganze immer mit einbezogen ist. Nur dadurch wurden Wissen und Bewußtsein möglich.

Die Schöpfung, der Ursprung aller Dinge, ist ein Differenzierungsprozeß. In seinem Verlauf bilden sich »Gefäße«, die Formen entstehen lassen. Licht und wahres Wesen des gesamten Raumes können niemals in einem einzigen solchen Gefäß zusammengefaßt sein – sie würden es sofort sprengen. Ein derartiges Bersten von Gefäßen war es denn auch, das den Schöpfungsakt hervorbrachte. Dieser ist eben kein Ausdruck des absoluten Seins, sondern der Formgebung. Egal wie amorph sie auch sein mag – nur die Form kann dem Wesen Ausdruck verleihen. Das Erstaunlichste an der Geschichte des Universums ist die Art, wie es dem Wesen gelang, der Form einen Raum zu schaffen. Die Geschichte der Gefäße nahm ihren Lauf, als die Formen begannen, ein Wesen zu beherbergen. Unsere Umwelt offenbart sich uns nicht durch dieses Wesen selbst, sondern eben durch solche äußere Formen. Das Gefäß »Auto« umgrenzt also auf dieselbe Weise absolutes Wesen und bringt es zum Ausdruck, wie dies die Gefäße »Hund« oder »Mücke«

tun. Alle Vorstellungen, die wir uns von dem Wesen der Dinge machen, gehen auf derartige konkrete Formen aus der uns umgebenden Erfahrungswelt zurück. Der Mensch lernte zu fliegen dank der Gefäße »Luft«, »Vogel« und aller anderen Gefäße: Mit deren Hilfe konnte er die physikalischen Gesetze des Auftriebs erforschen. Und so stehen wir jeden Tag vor der Aufgabe, die Erkenntnisse, die wir bereits aus bestehenden Formen gewonnen haben, für die Herstellung weiterer Formen zu nutzen. Die Sonnenenergie beispielsweise, mit der wir alle Energieprobleme unseres Planeten lösen könnten, wartet noch auf geeignete Gefäße, die sie erfolgreich einschließen könnten. Als die erste Form entstanden war, waren damit gleichzeitig auch schon alle anderen möglichen Formen festgelegt. Die *Welt, in der Erkennbares erkennbar ist*, umfaßt genau jene Gefäße, die von all dem umgeben sind, was sie gerade nicht beinhalten. Der besondere Wert eines Textes oder einer These liegt darin, daß es sich hier um eine Form handelt, die andere Formen hervorruft, und gleichzeitig Wesen durch Ausschluß definiert. Aus diesem Grund gibt es das Bilderverbot in den Zehn Geboten: Formen verschaffen uns Zugang zu Dingen, die zuvor außerhalb unserer Reichweite lagen, und sie führen uns weg von Gott, da sie genau dort existieren, wo dieser sich abwesend gemacht hat.

Das einzige, was die Formen bekräftigen, ist ihr Beitrag zu der anhaltenden Beziehung zu dem, was sie gerade nicht bekräftigen, und allein letzteres ist der Verehrung würdig. Alles ist Form; nur Gott ist Wesen.

Wissen leitet sich von Formen ab, und es entsteht bei der Schaffung neuer Formen. Ein guter Text zeichnet sich durch »Form« aus. Die Unmittelbarkeit seiner Sprache trägt entscheidend dazu bei, daß man Wissen über das Nicht-Wissen erlangt – also darüber, was nicht ausgesprochen ist. Wenn man einen Text in seiner wörtlichen Form bewahrt, ihn also vor der Verunreinigung durch Interpretationen schützt, verhindert man, daß sich Form wieder in Wesen verflüchtigt und die Schöpfung in ihren gefäßlosen Urzustand zurückverfällt.

Der Mensch soll sein Wissen und Bewußtsein einsetzen, damit Gefäße entstehen können, und nicht, damit er sie zertrümmert, wie das die Häretiker tun. Denn diese suchen dort nach Wesen, wo es um die Form geht. Sie unterbrechen damit einen schöpferischen Vorgang, der auf einem Gebiet stattfindet, das nach dem weisen Ratschluß Gottes weit vom eigentlichen Wesen entfernt liegt.

Ein berühmter Rabbi prägte auf seinem Sterbebett die folgende Geschichte: Um ihn herum, im Nebenzimmer und draußen vor dem Haus versammeln sich seine Schüler zu Hunderten und warten auf seine letzten Worte. Nach einiger Zeit faßt sich sein hingebungsvollster Schüler ein Herz, tritt vor, beugt sich über ihn und flüstert: »Rebbe, bitte geht nicht, ohne

uns ein letztes Wort der Weisheit zu schenken; wir alle hoffen sehnlichst darauf.«
Es folgt ein Moment der Stille, und viele Schüler fangen schon an zu weinen, weil sie glauben, ihr geliebter Meister sei bereits von ihnen gegangen. Doch dann bewegen sich plötzlich seine Lippen, und mit größter Anstrengung bringt er ein Flüstern hervor. Der Schüler beugt sich noch tiefer über ihn und hört die Worte: »Das Leben ist wie ein Glas Tee.«
Er wiederholt diese weisen Worte für die anderen Schüler, die sich um das Sterbebett versammelt haben, und sie werden ganz aufgeregt. Sofort rufen sie sich gegenseitig zu: »Der Rebbe sagt, das Leben ist wie ein Glas Tee.« Wie ein Lauffeuer verbreitet sich jetzt der Ausspruch im Nebenzimmer und auf der Straße, und die Leute wiederholen alle begeistert: »Der Rebbe sagt, das Leben ist wie ein Glas Tee.« Insgeheim sind alle ziemlich verwirrt über diese mystische Offenbarung. Nach einiger Zeit wagt schließlich jemand die Frage laut auszusprechen: »Aber warum *ist das Leben wie ein Glas Tee?«*
Allmählich beginnt nun jeder, sich diese Frage zu stellen, und so wandert sie von der Straße zurück ins Nebenzimmer und von dort in das Zimmer, in dem der Sterbende liegt. Noch einmal faßt sich der hingebungsvollste seiner Schüler ein Herz und fragt: »Hochverehrter Rebbe, bitte sagt uns doch: Warum ist das Leben wie ein Glas Tee?«

Der Rabbiner zuckt die Achseln und flüstert mit seinem letzten Atemzug: »Na gut, dann ist es eben nicht *wie ein Glas Tee.«*

Die Frage, die von der Straße zurückkam, hatte die ursprüngliche Antwort in eine Frage zurückverwandelt. Bei Fragen, die auf das Wesen der Dinge zielen, hängt aber alles von der richtigen Form ab. Nur wenn dieses Instrument glücklich gewählt ist, kann die Antwort ins Schwarze treffen. Eine gute Antwort lebt von einem klaren Unterschied zur gestellten Frage, und das ist gar nicht so einfach, wie es auf den ersten Blick erscheinen mag. Denn manch eine Frage hat mehr den Charakter einer Antwort als die darauffolgende Antwort selbst; und umgekehrt kann natürlich auch manche Antwort die zuvor gestellte Frage in ihrem fragenden Charakter übertreffen.

In unserer Geschichte stellte der Rabbiner eine Behauptung auf. Hätten seine Schüler diese auf ihrer Aussageebene belassen, wären wahrscheinlich zahlreiche Kommentare, wenn nicht sogar ganze Bücher über ihren verborgenen Sinn entstanden. Weil die Schüler jedoch den Ausspruch des Rabbiners nicht als einen in sich geschlossenen Text stehenließen, verlor er jede Bedeutung.

Die inhaltliche Leere der Feststellung bricht in dem Moment durch, in dem die Masse unter dem Einfluß des Mannes, der Fragen in Antworten »zurückverwandelt« (d. h. des Häretikers), die Antwort aus ihrem Zusammenhang reißt. Es geht nämlich nicht nur darum, die Worte des Rabbiners zu analysieren, sondern man muß auch die Begleitumstände berücksichtigen, die den Ausspruch in einen bestimmten Zusammenhang stellen. Informationen wie »Sterbebett«, »letzte Worte«, »Rabbiner« und »Schüler« sind wichtige Begleitumstände, die man erfassen muß, wenn der Ausspruch, der für sich genommen keine Antwort darstellt, doch noch als solche verstanden werden soll.

Wer Antworten nicht wieder in Fragen ummünzt, macht sich um den Sinn verdient, den wir unseren Worten beimessen können. Dasselbe gilt auch für den Fall, daß jemand echte Fragen formuliert. Wir werden das im folgenden näher beleuchten.

Was ist eine Antwort?

Juden stehen in dem Ruf, eine Frage gerne mit einer Gegenfrage zu beantworten. Der klassische Witz dazu lautet: Fragt einer einen Juden: »Warum antwortet ihr auf eine Frage immer mit einer Gegenfrage?« Und der Jude erwidert spontan: »Warum nicht?«

Eine Gegenfrage kann eine Frage vertiefen und sie sogar, wie in diesem Witz, beantworten. Ein jeder Erkenntnisprozeß beginnt bereits bei der Frage, und das weiß natürlich der Verfechter unverfälschter Überlieferung. Wer mit »Texten« arbeitet, weiß ganz genau, daß man diese allein schon mit Hilfe einer Reihe bestimmter Fragen interpretieren kann – ob man dann am Ende auch tatsächlich auf Antworten kommt, ist demgegenüber von untergeordneter Bedeutung. Folgerichtig legten Anhänger wortwörtlicher Überlieferung wie Raschie in den alten Rabbinerakademien weniger Wert auf die Antworten, die in einem Text enthalten sind, als vielmehr auf die Fragen, die er aufwirft. Auf diese Weise mißt man einem Text absolute Bedeutung bei und gibt ihm Form, da er sich nun von der alles umgebenden Leere abgrenzt. Er erhält dadurch erst seine wirkliche Existenzberechtigung.

Die Juden sind berühmt für ihre Vorliebe für die exakte wörtliche Überlieferung und ihre besondere Fähigkeit, den Dingen eine Form zu geben. Das mag den einen oder anderen verwundern, da doch die jüdische Religion die Verehrung von Formen streng verbietet. Indem sich aber der Verfechter solcher Wörtlichkeit stets vergegenwärtigt, daß er niemals das Wesen der Dinge aus dem Auge verlieren darf, weiß er zugleich, daß er seine Arbeit in der ganz normalen Welt verrichtet. So kann er auf das kommen, was am schwersten zu fassen ist: Sinn.

Eine chassidische Erzählung, die Elemente aus dem Morgenland aufgreift, möge diesen Gedanken verdeutlichen:

Ein Mann wurde von schweren Zweifeln über das Wesen der Wahrheit geplagt. Er beschloß deshalb, zu einem Rabbi in einem weit entfernten Dorf zu reisen, der für seine Weisheit im ganzen Land bekannt war. Als er nach einer langen und beschwerlichen Reise in dem Dorf ankam, erkundigte er sich sogleich, wo er den berühmten Weisen antreffen könne. Doch die Leute im Dorf lachten ihn nur aus: »Der Rebbe hat sich schon vor zwanzig Jahren aus der Welt zurückgezogen, und jetzt meint so ein dahergelaufener Fremder wie du, er könnte ihn einfach so besuchen!«

Das konnte den Mann jedoch nicht von seiner Suche abbringen. Er wartete einen Moment ab, in dem die engsten Schüler des Rabbiners einmal nicht aufpaßten, und stahl sich in die Studierstube des alten Mannes. Es verging einige Zeit, bis der Rabbiner endlich von seiner Arbeit aufsah: »Ich bitte um Verzeihung, ehrwürdiger Rebbe, aber ich bin von weit her gekommen, weil mich seit langem eine Frage nicht mehr losläßt. Ich hoffe, daß Ihr mir in Eurer großen Weisheit eine Antwort geben könnt.«

»Nun, wie lautet deine Frage«, wollte der Rebbe wissen, und sein Tonfall war dabei durchaus freundlich.

»Was ist das Wesen der Wahrheit?« erwiderte der Besucher. Der Rabbiner sah ihm tief in die Augen, stand auf – und gab ihm eine Ohrfeige.

Der Mann wußte nicht, wie ihm geschah. Vollkommen verwirrt rannte er davon und lief ins nächste

Wirtshaus, um dort seine Enttäuschung in Alkohol zu ertränken. Ein junger Bursche aus dem Dorf sah dies und fragte ihn, was denn passiert sei. So bekam dieser die ganze Geschichte zu hören. Dann sagte er nachdenklich: »Weißt du, wenn der Rebbe so etwas tut, hat er einen Grund. Es muß eine Erklärung dafür geben.« Jetzt mischte sich auch ein Schüler des Rabbiners ein, der am Nebentisch saß und zugehört hatte. »Der Rebbe hat dir eine Ohrfeige gegeben, damit du lernst, daß man niemals eine gute Frage gegen eine Antwort eintauscht.«

Strebt man nach Erkenntnis, sollte man unbedingt den richtigen Umgang mit dem Wörtlichen beherrschen. Dazu gehört die Einsicht, daß man sich nicht von den eigenen Fragen entfernen kann. Man muß vielmehr ganz bewußt in ihrem Umkreis bleiben, um ihnen auf diese Weise alles zu entlocken, was sie zur Sinnstiftung beitragen können. Das ist ganz wie bei der eingangs erwähnten Quiz-Show, bei der der Kandidat in seiner Kabine sitzt und nicht weiß, auf welchen Handel er sich einläßt. Wenn man nicht aufpaßt, hat man schnell bei der Beantwortung einer Frage das Dunkel des Nicht-Wissens nur noch vergrößert. Dann gibt man nämlich eine wirklich wichtige Erkenntnis gegen eine zutiefst überflüssige, und das mit einer Arroganz und Selbstsicherheit, die in Wirklichkeit noch schlimmer ist als die Unwissenheit selbst.

Deshalb geht man auf Nummer Sicher, wenn man eine Frage erst einmal mit einer Gegenfrage beantwortet. Allerdings sollte man schon wissen, wie man dabei vorgeht, damit man die erste Frage nicht einfach nur wiederholt. Insofern braucht man auch dafür einen scharfen Verstand.

Wenn Sie das nächste Mal vor einer komplizierten Frage stehen, stellen Sie sich einfach immer weitere Fragen. Auf diese Weise können Sie das Faßbare auch wirklich aus dem Faßbaren herausziehen. Die Form tritt dabei so klar in all ihren Schattierungen und Umrissen zutage, daß sie das Wesen selbst offenbart.

Wenn wir unser Wissen mehren wollen, müssen wir uns so lange weigern zu sehen, bis das, was wir erkennen, unser bisheriges Wissen ergänzt, anstatt es zurückzuwerfen.

Geistige Widerstandsnester

Ein Schüler erzählte einmal Rabbi Bunam, er sei Kutscher geworden. Der Rabbiner erwiderte: »Du hast jetzt gewiß den Kopf so voller Pferde, daß dein Verstand ein Stall geworden ist.«

Was wir mit unserem Verstand erfassen und verstehen können, hängt ganz davon ab, worauf wir ihn ausgerichtet haben. Und nichts leidet so unter unserer Voreingenommenheit wie die unverfälschte wörtliche Wahrnehmung. Es ist ebenso schwer, fest eingebrannte Gewißheiten und Texte aus unserem Denken zu bannen, wie es Mühe bereitet, mit alten Gewohnheiten zu brechen. Häufig müssen wir dafür sogar therapeutische Hilfe in Anspruch nehmen. Auf ähnliche Weise können wir uns erst dann von starren Denkmustern befreien, wenn wir begreifen, daß sie die Hauptursache für unsere Unwissenheit sind. Ein naiver oder irrationaler Mensch ist deshalb häufig nicht so verblendet wie jemand, der die Wirklichkeit verzerrt wahrnimmt.

Ein alter jüdischer Spruch besagt: »Besser, eine Uhr bleibt ganz stehen, als daß sie falsch geht – immerhin zeigt sie dann noch zweimal am Tag die richtige Zeit an.«

Wer sich bestimmten festen Denkmustern verschrieben hat, wird Texte, Thesen oder die Wirklichkeit niemals mit klaren Augen sehen können und wäre gut beraten, gar nicht erst nach Antworten zu suchen. Zunächst muß man den festen Boden eines Textes sehr genau umreißen – erst später kann man ihn zur Auslegung verlassen. Ohne diesen Bezugspunkt kann man sich nicht auf Sinnsuche begeben, da man sonst bei dieser Wander- oder Pilgerschaft keinen Ort mehr hat, an den man zurückkehren kann; selbst die Begriffe »Heimat« und »Fremde« würden ihre Bedeutung verlieren. Denn wir können Sinn nur in einer ständigen Wechselbewegung zwischen Gewißheit und Entfremdung erfassen. Wer den Sinn des Daseins sucht, braucht sowohl das vertraute Heimatgefühl als auch des Staunen, das sich in der Fremde einstellt. Wenn man sich hingegen von den äußeren Bedingungen des Lebens abhängig macht, erscheint alles in Bewegung und ohne feste Bezugspunkte.

Bei Rabbi Nachman aus Brazlaw findet sich ein faszinierender Kommentar zu folgendem Passus aus dem Talmud: »Zu der Stunde, da Salomo die Tochter des Pharaos heiratete [1 Kön. 3], stieg Gabriel herab und pflanzte ein Rohr ins Meer. Da stieg eine Sandbank um das Rohr auf, und auf ihr wurde die große Stadt Rom erbaut. Später zerstörten die Römer den Heiligen Tempel« (Shabbath 56b; Sanhedrin 21b).*

Rabbi Nachman interpretiert die Erzählung folgendermaßen:** Wenn wir eine bestimmte Form von Weisheit verinnerlichen, die nicht dem Geist wahrer Weisheit entspricht, schaffen wir geistige Barrieren. Salomo steht für Weishcit, Pharaos Tochter für Sklaverei und die Abhängigkeit von äußeren Bedingungen (»in Ägypten sein« steht sinnbildlich für Sucht und Abhängigkeit). Die Hochzeit zwischen Salomo und der Tochter des Pharaos symbolisiert daher die Ehe zwischen der Weisheit, die der Wahrheitsfindung dient (Salomo), und einer Weisheit, die sich dem

* Zitiert nach *Der Talmud.* Ausgewählt, übersetzt und erklärt von Reinhold Mayer. München 1980, S. 154.

** Nach Rebbe Nachman, *The Candelabrum.* Jerusalem, S. 57.

Relativen und den Kompromissen verschrieben hat (Sklaverei). Das Meer ist der Geist selbst. Gabriel, der auf die Erde herabsteigt, um »ein [Schilf]rohr ins Meer zu pflanzen«, verkörpert die geistigen Barrieren, die sich der Erkenntnis wahrer Weisheit entgegenstellen. Der geistige Unrat, der so entsteht, bildet einen fruchtbaren Boden für die Gründung Roms. Dieses steht für die mentale Verirrung, die überall Einzug hält und jede Chance zunichte macht, zum Heiligen Tempel – also zum Sinn – vorzudringen.

Eine echte Läuterung des Geistes macht wieder Platz für den reinen Wortsinn und den eigentlichen sprachlichen Aufbau eines »Urtextes«. Wenn es uns hingegen nicht gelingt, unseren Geist auf diese Weise zu leeren, können wir auch keine Gefäße schaffen, in denen wir echtes Wissen unterbringen könnten. Die Pseudogefäße aus »Schilfrohr«, das mitten in unserem Gedankenfluß steckt, sind überhaupt nicht elastisch, sondern brüchig, weil sie Form und Wesen vermengen. Echte Gefäße bestehen demgegenüber aus reiner Form.

Der Geist muß, genau wie der Allmächtige, in sich selbst Raum schaffen, um schöpferisch werden zu können. Anderenfalls zerstört er Tempel um Tempel und führt alles in einen Zustand der Sinn-Losigkeit zurück. Wenn man in die Lage kommen will, mit Form zu arbeiten, muß man sie so nehmen, wie sie ist; man darf also nicht versuchen, an ihren Rändern zu feilen oder ihre leeren Stellen auszufüllen. Man sollte dem Geist so wenig Spielraum wie möglich lassen, bestehende Thesen zu verändern oder gar zu verfälschen. Eine neue Suche nach Wesen sollte keinesfalls eine Liaison mit solchen Bedingungen eingehen, die uns von einer alten Suche her vertraut sind, denn sonst zerstört man Tempel, die errichtet wurden, um heiliges Wissen zu bewahren.

Ästhetische Denkblockaden

Manch einer hadert mit seinem Aussehen,
aber keiner mit seinem Verstand.
Jiddisches Sprichwort

Wir sind so sehr Gefangene unseres Geistes, daß wir mit ihm nur selten unzufrieden sind. In der jüdischen literarischen Tradition wird mit Vorliebe die Gestalt des »Genies« verspottet. Dahinter verbirgt sich ein Mensch, der sich von der Schönheit des eigenen Geistes verführen läßt. Ihm will es scheinen, als sei sein Geist geradezu perfekt ersonnen und als harmoniere dieser auf ganz natürliche Weise mit der unerschöpflichen Fülle seiner Gedanken. Er kann deshalb gar nicht begreifen, weshalb sich der Rest der Welt so schwer damit tut, sein Talent und sein hervorragendes ästhetisches Empfindungsvermögen anzuerkennen. Solche Menschen verirren sich im Labyrinth ihrer eigenen Ideenwelt. Immer wieder konstruieren sie Auswege und Antworten, die in Wahrheit keine sind.

Um nicht in diese Falle zu tappen, müssen wir wissen, wie man etwas nicht weiß. Wenn wir uns nicht scheuen, auch die »nicht-ästhetischen« Bereiche unseres Verstandes einzusetzen – das sind die Gebiete, auf denen die bewährten Denkmuster versagen –, sind wir einen entscheidenden Schritt auf dem Weg zum Wissen vorangekommen. Denn es gibt gewisse Hindernisse auf dem Weg zu Lösungen, die sich nur überwinden lassen, indem wir auf Felder des Nicht-Wissens setzen und nicht versuchen, noch mehr gesicherte Erkenntnisse zu erlangen. Ein guter Wissenschaftler zeichnet sich nämlich dadurch aus, daß er auch den Mülleimer richtig einsetzen kann: Er weiß, wann er sich nicht länger mit rationalen Ansätzen aufhalten darf, die schlichtweg an ihre Grenzen gestoßen sind, so daß es nun an der Zeit ist, sich auf seine Unwissenheiten zu konzentrieren:

Der Lehrer fragt: »Wie teilt man elf Äpfel gerecht unter zwölf Kindern auf?« – »Ganz einfach«, lautet die nicht-ästhetische Antwort, »man macht Apfelmus.«

Es ist heilsam, wenn wir unsere eigene ästhetische Reaktion regelmäßig in Zweifel ziehen, denn so können wir letztlich das meiste aus unserem Leben herausholen. An dieser Stelle nun spielen die Verfechter der Wörtlichkeit eine wichtige Rolle. Sie sind es, die akribisch festhalten, was in einem bestimmten Text oder einer bestimmten These festgestellt wird – und was nicht. Genau damit bahnen sie uns den Weg zum Nicht-Wissen. Wer sich dagegen in seiner wissenschaftlichen Arbeit mit Symbolik, Metaphern und Allegorien beschäftigt, dem fehlt es häufig an dem nötigen Bewußtsein für das Nicht-Wissen, das einen Text oder eine These umschließt. Mit seiner Vorliebe für ästhetische Strukturen wird er sich eher dazu verleiten lassen, Widersprüche, Irrtümer, Übertreibungen oder Versäumnisse aufzuspüren.

Der häufigste und schlimmste Fehler, der dem Genie unterläuft, ist die Entwicklung einer ichbezogenen Logik, die mit der äußeren Welt wenig oder gar nichts zu tun hat. Das Genie hält das Wissen für etwas Statisches und meint, es genügt, wenn man den eigenen Verstand nach den elegantesten Lösungen greifen läßt, die sich am deutlichsten ergeben – in der festen Annahme, die Welt werde sich dann schon daran halten. Hierzu ein schönes Beispiel:

Schapiros Geschäfte waren dieses Jahr glänzend gelaufen. Er leistete sich deshalb zum ersten Mal in seinem Leben eine Ozeanüberquerung, die ihn nach Frankreich führen sollte.

Am ersten Abend an Bord des Liners wurde er an seinen Platz im Speisesaal geführt. Dort saß bereits sein Tischnachbar, ein elegant gekleideter Herr aus Frankreich. Dieser stand höflich auf, als Schapiro auf ihn zukam, verbeugte sich und sagte »bon appétit«.

Schapiro erwiderte »Schapiro«.
Dieses Ritual wiederholte sich nun vor jedem Essen. Am letzten Tag der Überfahrt lief Schapiro zufällig dem Chefsteward über den Weg. Dieser nutzte die Gelegenheit und klärte Schapiro auf: »Der Herr an Ihrem Tisch heißt nicht ›bon appétit‹; ›bon appétit‹ ist französisch und heißt ›guten Appetit‹.«
»Ach, wirklich?« rief Schapiro und konnte es kaum erwarten, die Situation wieder geradezubiegen. An diesem Abend kam er beim Diner seinem Tischgenossen zuvor, erhob sich, machte eine feierliche Verbeugung und sagte: »Bon appétit!«
Der Franzose erhob sich ebenfalls. Dann entgegnete er: »Schapiro!«

Daß Herr Schapiro in dieser Geschichte so leicht zum Opfer seiner vorgefaßten Meinung über den Dialog mit seinem neuen Bekannten werden kann, zeigt, wie schwer er sich im Umgang mit seiner eigenen Unwissenheit tut. Er stellt nicht in Frage, ob seine erste Annahme auch wirklich richtig ist. Deshalb kommt er gar nicht auf die Idee, über mögliche andere Bedeutungen von »bon appétit« nachzudenken. Als er dann endlich die richtige Bedeutung des Ausdrucks erfährt, macht er sich prompt noch lächerlicher. Denn er denkt nicht darüber nach, welche Auswirkungen seine Logik auf seine Umwelt gehabt haben könnte. Herr Schapiro ließ aber durch seine Deutung der Wirklichkeit einen Text entstehen. Als er schließlich entdeckt, daß die Wirklichkeit anders ist, paßt er zwar seine Deutung entsprechend an; er versäumt es aber, auch den Text zu ändern. Ähnliche Mißverständnisse passieren ständig, wenn Eheleute, Freunde, Verwandte oder Angestellte und ihre Vorgesetzten miteinander kommunizieren.

Man sollte deshalb immer für die ganze Bandbreite an Aussagen offen sein, die ein Text oder eine These enthalten können. Es ist ratsam, sich zunächst streng an deren Wortlaut zu halten; auf dieser Grundlage muß man sich sodann alle Varianten der Wirklichkeit vor Augen führen, die das Nicht-Wissen noch offenläßt. Indem man sich klarmacht, was man nicht weiß, versteht man zwar noch nicht unbedingt, was jemand anderes sagen will; aber man verhindert wenigstens, daß sich der Kommunikation noch weitere Hindernisse in den Weg stellen. Wer sich bei einer irrigen Interpretation der Wirklichkeit ertappt, der sollte diesen Fehler als konstitutiven Bestandteil einer neuen Wirklichkeit begreifen und entsprechend mit ihm umgehen.

Vom Wert des Nicht-Wissens

Bei jeder wissenschaftlichen Tätigkeit kommt es entscheidend darauf an, daß man sich der Grenzen des Wissens bewußt ist. Wenn es uns Menschen nicht gelingt, unsere Geisteskraft zu steigern, dann liegt das zu einem großen Teil an den Abhängigkeiten und Ängsten, die für die menschliche Natur so typisch sind. Der Mensch schadet sich immer wieder selbst, indem er sich allzu leicht von seinem Ziel abbringen läßt, ohne es zu merken. Man kann daher so manche Sackgasse vermeiden, wenn man über die eigenen Unwissenheiten im Bilde ist.

Isidor Rabi, der 1944 den Nobelpreis für Physik erhielt, sagte in einem Interview, er verdanke diesen Erfolg seiner Mutter. »Nach der Schule fragten die Mütter immer ihre Kinder, was sie an diesem Tag gelernt hätten. Meine Mutter aber wollte wissen: ›Was hast du denn heute in der Schule für Fragen gestellt?‹« Ein guter Schüler unterscheidet sich nämlich von einem schlechten vor allem darin, daß er versucht, ein Problem in seinem Gesamtzusammenhang zu erfassen, anstatt nur auf die unmittelbare Aufgabe fixiert zu sein. Wenn nun in einer Prüfung auch nur eine Vorgabe verändert wird, ist der schlechte Schüler überfordert.

Wenn die Rabbiner das geistige Potential ihrer Schüler herausfinden wollten, stellten sie ihnen die folgende Frage: »Was ist besser, ein schnelles Pferd oder ein langsames?« Die richtige Antwort lautet: »Es kommt ganz darauf an, ob man dabei auch in die richtige Richtung reitet.« Auf den ersten Blick scheint natürlich ein schnelles Pferd das beste zu sein, da man bei »Pferd« automatisch an Fortbewegung denkt. So kommt einem zunächst die Geschwindigkeit als das entscheidende Maß in den Sinn. Die Rabbiner provozierten absichtlich solch eine Antwort, die von bestimmten Bedingungen ausging. So konnten sie ihren Schülern klarmachen, daß in jeder Fragestellung auch Bereiche des Nicht-Wissens enthalten sind und daß man diese unbedingt erkennen muß, wenn man die Frage sinnvoll beantworten will. Schatten lassen die Konturen deutlicher hervortreten. Wenn man auf dem falschen Weg reitet, ist man auf einem langsamen Pferd besser dran als auf einem schnellen; denn wird der Fehler endlich bemerkt, ist man noch nicht so weit von seinem eigentlichen Ziel abgekommen. Eine These kann uns zwar die Richtung einer Antwort weisen, doch der Weg dorthin ist mühsam. Denn wir müssen alle mit unserem Thema zusammenhängenden Fragen, die sich unterwegs auftun, klären.

Auch wenn uns diese offenen Fragen zunächst wie lästige Hindernisse auf dem Weg zum Wissen vorkommen mögen, sind sie doch nützlich. Sie können uns nämlich immer wieder auf bessere Methoden bringen, die Hauptfrage zu beantworten. Wenn wir den richtigen Weg noch nicht kennen, tun wir gut daran, die Risiken zu bedenken, die mit der Wahl eines schnellen Pferdes verbunden sind. Wir werden uns jetzt nämlich so schnell wie möglich daranmachen, den richtigen Weg zu finden.

Der Baal Schem tow, Stifter des Chassidismus, bringt diesen Gedanken mit Hilfe der folgenden Geschichte auf den Punkt:

Ein frommer Mann trug dem Baal Schem tow eine Klage vor: »Ich habe mich nach Kräften bemüht, dem Herrn aufrichtig und ehrlich zu dienen, aber ich kann keine Veränderung oder Verbesserung feststellen. Ich bin immer noch genauso durchschnittlich und unwissend wie zuvor.«

Der Baal Schem tow erwiderte: »Du hast immerhin begriffen, daß du durchschnittlich und unwissend bist, und das allein ist schon eine große Leistung.«

Dieser Aspekt der *Welt, in der Erkennbares erkennbar ist,* kann unser Verständnis für die verborgenen Welten um einen großen Schritt voranbringen. Es ist kein Zufall, daß die *Welt, in der Verborgenes verborgen ist,* ausgerechnet dort auf die *Welt, in der Erkennbares erkennbar ist,* trifft, wo deren Sphären des Nicht-Wissens beginnen. Wer aus dem Offensichtlichen lernen will, muß sich überlegen, was es uns über diejenigen Bereiche sagen kann, die nicht offensichtlich sind. Unglücklicherweise lassen wir uns aber allzu häufig vom ästhetischen Reiz des Offensichtlichen verführen, und so entwickeln wir ein trügerisches Überlegenheitsgefühl. Wir lieben die Klarheit, weil wir uns in ihrem Umkreis stark und sicher fühlen; wahre Weisheit zeigt sich aber, wenn wir der

Dunkelheit ins Auge blicken, auch wenn uns das beunruhigt.

Durch nichts nehmen wir die Dunkelheit besser wahr als durch das Licht, das aus dem Offensichtlichen kommt. Das sollte man unbedingt beherzigen.

Vom Unwert des Offensichtlichen

Obwohl man aus der *Welt, in der Erkennbares erkennbar ist*, praktischen Nutzen ziehen kann, sollte man sich doch im täglichen Überlebenskampf nicht auf diese allein verlassen. Hier herrscht harte Konkurrenz. Jeder, der sich innerhalb des Geltungsbereichs dieser Welt bewegt, denkt auf dieselbe Weise, besucht dieselben Orte, versucht sich an denselben Dingen und hat dieselben Einfälle. Wer bei einem anspruchsvollen Thema einen Bogen von einer These bis hin zu ihrem Beweis spannen will, der muß die verschiedenen Wirklichkeiten sowohl in den Welten, in denen die Dinge faßbar sind, also auch in jenen, in denen sie verborgen sind, untersuchen.

Die folgende Geschichte aus der mystischen Tradition des Judentums spiegelt die tiefe Beziehung zwischen der *Welt, in der Erkennbares erkennbar ist*, und anderen Welten – insbesondere die zwischen Wörtlichkeit und »Verborgenheit« – wider. Es ist die Erzählung von den vier Weisen, die in den Pardes gingen.

Von *Pardes*, wörtlich »Garten«, soll sich das Wort Paradies ableiten. Überdies wird es aus den Anfangsbuchstaben der vier Formen der Exegese in der jüdischen Überlieferung gebildet: *P*, der erste Buchstabe von *Peschat*, bezieht sich auf die wörtliche Bedeutung; *R*, der erste Buchstabe von *Remes*, steht für die anspielungsreiche, übertragene Deutung; *D* wie *Derascha* steht für die metaphorische und symbolische und *S* wie *Sod* (Geheimnis) für die mythisch-mystische Interpretation.

Nach der Legende kam nur einer der vier Weisen wieder unversehrt aus dem Garten heraus; der zweite kam ums Leben, der dritte wurde wahnsinnig, und der vierte wurde zum Ketzer. Wenn man den Gang in den Garten als Symbol für das Denken auffaßt, kommt man zu einigen interessanten Analogien. Der Weise, der unversehrt zurückkehrt, durchmißt die *Welt, in der Erkennbares verborgen ist*, die *Welt, in der Verborgenes erkennbar ist*, und die *Welt, in der Verborgenes verborgen ist*, in der Zuversicht, daß er schließlich wieder ohne Beeinträchtigung seiner Fähigkeiten in die *Welt, in der Erkennbares erkennbar ist*, eintreten wird. Er erntet die reichen Früchte des Gartens und bringt sie in eine Welt, in der man sie in Ruhe genießen kann. Dieser Weise behält den Bezug zum Offensichtlichen beziehungsweise Offenbaren, so daß er am Ende wieder das Festland betreten kann, das sich inmitten der fließenden Instabilität der anderen Welten erhebt.

Die Reise des Weisen, der ums Leben kommt, steht für die völlige Auflösung der Zusammenhänge zwischen dem Untersuchungsgegenstand, der ursprünglichen Frage und den schließlich resultierenden Antworten. Es kommt zu einem endgültigen Bruch zwischen der Logik der ursprünglichen Fragestellung und der Art, auf die eigentlich das Wissen erlangt werden soll. Am Ende liegt die *Welt, in der Erkennbares erkennbar ist*, in Trümmern. Es gibt keine Möglichkeit mehr, Antworten irgendwie konkret oder logisch zu vermitteln, weshalb diese Reise auch Rückkehr kennt. Sie bringt nicht den geringsten Erkenntnisgewinn, da in ihrem Verlauf der Pardes keinen Ertrag abwirft. Hier verhält es sich genau umgekehrt zur Reise des Weisen, der unversehrt aus dem Garten herauskam. »Unversehrt« steht für einen Geisteszustand potentieller Wissensvermehrung, weil man entweder mehr konkrete Informationen erhalten hat oder nun besser über das Nicht-Wissen Bescheid weiß. Um es pathologisch auszudrücken: Die Reise, die zum Tod führt, setzt den Forschenden einer Überdosis »Sod« (Geheimnis) aus. Wenn es soweit kommt, macht die *Welt, in der Verborgenes verborgen ist*, jeden Versuch zunichte, Antworten zu finden. Dunkelheit senkt sich über die einstige Klarheit des Offensichtlichen.

Die Reise, die im Wahnsinn endet, steht für die Überbetonung von *Derascha* (Metapher, Symbolik). Hier können die auf der Reise durch den Garten gewonnenen Antworten zwar irgend etwas mit der ursprünglichen Frage zu tun haben, aber sie passen jedenfalls nicht logisch zusammen. Diese Antworten verlieren sich auf eine Art, die für die *Welt, in der Erkennbares verborgen ist,* typisch ist. Sie bringen so viel Absurdes hervor, daß man mit ihnen nichts anfangen kann. Diese Sphäre des Wahnsinns hat ein gestörtes Verhältnis zu der *Welt, in der Erkennbares erkennbar ist,* und stellt alles verzerrt dar. So kehrt man aus dem Garten mit nicht eßbaren Früchten zurück – nämlich mit Antworten, die zu nichts führen.

Der Mann, der als Häretiker von der Reise zurückkehrt, ließ sich von *Remes* berauschen (der anspielungsreichen, übertragenen Auslegung). Damit erlag er der trügerischen Verführungskunst der *Welt, in der Verborgenes erkennbar ist.* Wie wir noch sehen werden, neigt man in dieser Welt zu unzulässigen Verknüpfungen zwischen Zweifelhaftem und Geklärtem. Wenn man den erkennbaren Aspekt an der *Welt, in der Verborgenes erkennbar ist,* mit der *Welt, in der Erkennbares erkennbar ist,* gleichsetzt, glaubt man, mit ihm schon die Antwort gefunden zu haben. Geistesblitze, die während des Denkprozesses – der Reise durch den Garten – entstehen, treten an die Stelle der eigentlichen Frage; freilich kann auch die sich jetzt ergebende Antwort eine echte Antwort sein, aber sie ist dann eben eine Antwort auf eine ganz andere Frage. Der Häretiker kehrt somit im Unterschied zu dem

Toten oder dem Wahnsinnigen durchaus mit einer Antwort aus dem Garten zurück, aber ihm ist nicht klar, daß sich diese an der falschen Frage aufhängt. Wenn wir irrtümlich meinen, eine Antwort passe zu einer bestimmten Frage, gefährden wir die gesamte Klarheit unseres Denkens. Der Häretiker erntet zwar eine Frucht, die an sich eßbar wäre, aber sie ist verdorben. Da es ihm nicht gelungen ist, den molekularen Aufbau der Frucht in ihr tatsächliches Erscheinungsbild überzuführen, trägt er sie in verfälschter Gestalt aus dem Garten.

Die Fehlentwicklungen, die unser Denkvermögen in der Welt, *in der Erkennbares erkennbar ist*, immer wieder beeinträchtigen, haben also mit ungeeigneten Theorien (sie führen zum Tod), ständigen Abweichungen von der Objektivität (sie führen in den Wahnsinn) oder verinnerlichten Irrtümern (sie führen zur Häresie) zu tun.

Die Welten, die im Pardes ineinandergreifen, sind deshalb so gefährlich, weil es schnell passieren kann, daß die eine von ihnen über die anderen dominiert. Dann aber läßt sich nichts (Genießbares) ernten. Es muß aber betont werden, daß in der *Welt, in der Erkennbares erkennbar ist*, im Grunde dieselben Gefahren lauern wie in den anderen drei Welten. Als Gefangener des Offensichtlichen – also als Einfaltspinsel – endet man unweigerlich in einer Mischung aus den drei genannten pathologischen Befunden (Tod,

Wahnsinn und Häresie). Denn wer die Wirklichkeit nicht vollständig erfaßt, schafft einen Lichtschein, der blendet, anstatt zu erhellen.

Wenn man sich ernsthaft mit einem Problem beschäftigt und nach einer Antwort sucht – wenn man also den Pardes des Denkens betritt –, muß man sich unbedingt darüber im klaren sein, daß man sich in einen wechselseitigen Prozeß befindet. Antworten lassen sich nicht in der einen oder anderen Welt finden, in der die Dinge entweder erkennbar oder verborgen sind; Antworten tun sich vielmehr an den Schnittstellen auf. Eine erfolgreiche Reise in den Garten setzt den freien Zugang zu all diesen Dimensionen voraus; dann erntet man die Frucht (bzw. Antwort), die zu einem bestimmten Zeitpunkt am besten auf eine bestimmte Frage paßt.

Verstehen – Die Welt, in der Erkennbares verborgen ist

Wenn ein Gast hustet, heißt das,
daß er keinen Löffel hat.
Jiddisches Sprichwort

Die *Welt, in der Erkennbares verborgen ist*, ist eine Dimension menschlicher Erkenntnis, in der es um offenbare Dinge oder das Bewußtsein selbst geht. Das »Verborgene« kommt nur daher, daß etwas, das faßbar ist, durch etwas anderes ebenso Faßbares verdeckt wird. Ich will damit nicht etwa sagen, diese Welt ließe sich nicht als eine der erkennbaren Dinge klassifizieren – es geht nur einfach darum, daß etwas Offensichtliches verhüllt wurde. Wenn wir in einem vollkommen offensichtlichen Sachverhalt etwas Verborgenes entdekken, fragen wir uns zumeist verwundert: »Warum ist mir das nicht schon früher aufgefallen?« Häufig setzt man Gleichnisse und Geschichten ein, um solche Informationen, Grundgedanken oder Sachverhalte sichtbar werden zu lassen, die an sich zwar erkennbar, jedoch zu einem bestimmten Zeitpunkt verborgen sind.

Die wichtigste Eigenschaft dieser Dimension ist, daß sie das Erkennbare recht eigentlich hervorhebt. Oder anders gesagt: Das Erkennbare wäre für uns nicht so konkret, gäbe es da nicht jene Verbindung zu der Welt, in der es verborgen ist.

In der jüdischen exegetischen Überlieferung ebenso wie in der jüdischen Denktradition kann ein Begriff auf zweierlei Weise in Erscheinung treten: als *Maschal* (das Bezeichnende) und als *Nimschal* (das Bezeichnete). Wenn Wasser fest, also gefroren ist, kann man beispielsweise sagen, es befindet sich in einem Zustand, in dem das Erkennbare verborgen ist. Man kann das Eis als das *Nimschal* und das Wasser als dessen *Maschal* betrachten. Wasser kann einige Eigenschaften und Merkmale von Eis aufzeigen, die im flüssigen Zustand einfach deutlicher zu erkennen sind als im gefrorenen.

In den Begriffen der intellektuellen Analyse geht es hier um einen Vergleich. Nichts kann klarer in seinem Wesen erfaßt werden, als wenn wir sagen können, es ist so wie etwas anderes. Das Bezeichnende ist demnach ein Vergleichsobjekt, das wir dem Bezeichneten zur Seite stellen. Wenn es um Unterschiede geht, machen wir das sogar nahezu automatisch. Es fällt uns leichter zu sagen, etwas unterscheidet sich von etwas anderem, weil Unterschiede viel mit der *Welt, in der Erkennbares erkennbar ist*, zu tun haben. Lang/kurz, dick/dünn, gut/schlecht, trocken/naß, groß/klein – das sind klar umrissene Gegensatzpaare. So wie bei Übereinstimmungen gibt es auch bei der Untersuchung von Unterschieden eine Wechselbeziehung zwischen Bezeichnetem und Bezeichnendem: »Groß« ist leichter zu verstehen, wenn man es mit »klein« vergleicht, »dick« tritt in seiner Bedeutung deutlicher hervor, wenn man es mit »dünn« in Relation setzt, und umgekehrt. Bei ähnlichen Dingen oder Sachverhalten hat man es jedoch mit einer verborgenen Struktur annähernder Gleichheit zu tun, die ihrem Wesen nach etwas ganz anderes ist als eine Gegensatzstruktur, die bei Unterschieden auftaucht. Aber auch diese Unterschiede beruhen natürlich nicht immer auf Gegensätzen. Denn zwei Dinge können auch nur »leicht unterschiedlich« anstatt »ganz verschieden« sein. Ein solches Differenzpaar gehört dann schon eher in die *Welt, in der Erkennbares verborgen ist*: Dort läßt sich der leicht unterschiedliche Charakter zweier Dinge metaphorisch und symbolisch deuten. Und das bewegt sich ganz im Rahmen offensichtlicher Sachverhalte. Es liegt nämlich im Wesen der Schöpfung, daß sich jede Sache von allen anderen unterscheidet, es sei denn, sie ist mit der anderen identisch und es handelt sich somit um ein und dieselbe Sache. Wenn man also eine Ähnlichkeit feststellt, vergleicht man immer eine Sache mit einer anderen; dabei wird man immer nur Zwischenstufen zwischen absoluter Identität oder absoluter Gegenidentität erkennen – nicht deren Reinform.

Es fällt uns schneller auf, wenn zwei Dinge einander ähnlich sind, als wenn sie sich unterscheiden.

In der *Welt, in der Erkennbares verborgen ist*, definiert das Bezeichnende nicht das Bezeichnete, sondern zeigt nur Wege und Möglichkeiten auf, darüber nachzudenken und es besser zu verstehen. Da es die Ähnlichkeiten sind, die uns auf derartige Gedanken bringen, sind sie es auch, die das Faßbare aufdecken, wenn es verborgen ist. Die Beziehungen zwischen *Maschal* und *Nimschal* lassen sich anhand einiger Beispiele aus David Freedmans Erzählung »Mendel Marantz« verdeutlichen:

Was ist Miete? Eine Strafe für Armut.

Was ist Geld? Eine Krankheit, die wir gerne bekommen, aber nur ungern verbreiten.

Was ist Pessimismus? Ein Streichholz, mit dem man sich die Finger verbrennt.

Was ist Optimismus? Eine Kerze, die einem den Weg leuchtet.

Was ist eine Frau? Ein Blitz – strahlend schön, bis du von ihm getroffen wirst.

Was ist wie die Liebe? Butter – sie schmeckt nur mit Brot. *

Wenn man wie in diesen Witzen die bezeichneten Dinge mit den bezeichnenden verknüpft – Miete/Strafe, Geld/Krankheit, Pessimismus/Streichholz, Optimismus/Kerze, Frau/Blitz, Liebe/Butter –, werden sie klarer. Denn nun zeigt sich uns eine ganze Palette

* Nathan Ausubel, A Treasury of Jewish Humor. New York, M. Evans Col, 1988.

an Möglichkeiten, wie wir über sie denken können. Wenn man also »etwas Ähnliches findet«, ist das ein Weg, sein Wissen zu erweitern. Natürlich ist Miete keine Strafe im wörtlichen Sinn, aber dadurch, daß sie immerhin mit einer Strafe verglichen werden kann, lernen wir mehr über ihre Natur.

Wir können immer etwas dazulernen, wenn wir aus dem Nimschal das Maschal herausziehen. Für die Wissenschaft ist die Suche nach dem Ähnlichen demnach ein unabdingbares Mittel der Erkenntnis. Als mein Sohn zwei Jahre alt war, sagte er immer: »Es sieht so aus wie ein ..., aber es ist kein ...« Mit solchen Aussagen verarbeitete er Eindrücke, die er aus der *Welt, in der Erkennbares verborgen ist*, gewonnen hatte. Indem er eine Sache mit einer anderen verglich und dabei eine Differenz feststellte, lernte er die Welt kennen. Solange wir nur irgendeine Ähnlichkeit zwischen zwei Dingen feststellen können, kann uns die eine Sache etwas über die andere beibringen.

In einer chassidischen Geschichte sagt ein Rabbi aus Saragossa:

»Man kann aus allem, was es auf dieser Welt gibt, etwas lernen!«

Daraufhin forderte ihn ein Schüler heraus: »Und was kann man aus einem Zug lernen?«

»Daß wir in nur einer Sekunde alles verlieren können.«

»Und aus dem Telegraphen?«

»Daß jedes Wort zählt und wir für jedes einzelne zur Kasse gebeten werden können.«

»Und aus dem Telefon?«

»Daß das, was wir hier sagen, an anderer Stelle gehört wird.«

Diese Beispiele ließen sich beliebig fortsetzen: das Fahrrad – wie im Leben auch darf man nie aufhören weiter in die Pedale zu treten; das Radio – wenn man einen Sender eingestellt hat, kann man keinen anderen hören; das Faxgerät – es gibt so lange keine Kommunikation, bis jemand anderes das Signal gibt; der Mikrowellenherd – für die Spiritualität ist es unter anderem von Bedeutung, daß man sie nicht mit zu großer Energie erwärmt: wenn man ein Verfahren zu schnell durchführt, könnte das die Seele außen verbrennen und innen kalt lassen. Lösungen zu eigentlich faßbaren Dingen, die man jedoch zunächst aufdecken muß, tun sich auf, indem man Ähnlichkeiten entdeckt. Während in der *Welt, in der Erkennbares erkennbar ist,* das zählt, *was ist,* ist es hier das, *was ähnlich ist.* Ein Vergleich erklärt oft mehr als eine streng logische Schlußfolgerung. Der verborgene Bereich, der in der Formulierung »etwas ist wie« angesprochen wird, hält nämlich eine außerordentliche Dynamik bereit. Denn was es auch immer sein mag, das mit dem ersten Gegenstand verglichen wird – es ist auf alle Fälle offen und bietet damit unendlich viele Nuancierungsmöglichkeiten. Daraus entfaltet sich eine Wirkungskraft, die sich mehr in begrifflicher und begriffsbildender Form ausdrückt als auf der praktischen Ebene.

In neuen Bezugsrahmen

Auch wenn man neue Bezugsrahmen schafft, tut man nichts anderes, als nach Ähnlichkeiten zu fragen. Interpretiert man eine These oder versteht man eine Situation aus einem anderen, neugewählten Blickwinkel, kann man deren jeweiligen Charakter direkt und ohne Verzerrungen erkennen.

Wenn man zum Beispiel einen Verlust zu beklagen hat, so kennt die jüdische Tradition viele Wege, wie man lernen kann, sich darüber hinwegzutrösten – eben indem man einen neuen Bezugsrahmen herstellt. Passiert ein kleineres Mißgeschick – sagen wir, jemand zerbricht einen Teller –, sagt man in einem jüdischen Haus unwillkürlich »Mazel tow« – »Viel Glück«. Damit wird die Situation in einen neuen Zusammenhang gestellt, etwa so: »Es hat sein Gutes, daß so ein wertloser Gegenstand kaputtgegangen ist; du siehst jetzt, daß du nicht bei der Sache warst, und wirst jetzt hoffentlich aufpassen, damit nicht am Ende noch etwas Ernstes passiert.« Wenn wir es so betrachten, machen wir verlorene Geldbeutel, kleine Kratzer am

Auto oder zahllose andere Dinge, welche die meisten Menschen als Anzeichen einer Pechsträhne deuten würden, zu Glückszeichen. Höchstwahrscheinlich haben die Juden diese Fähigkeit in den vielen schweren Phasen ihrer Geschichte bitter erlernt. Es ist Wissen, das man zum Überleben braucht und das in dem folgenden Spruch seinen Ausdruck findet: »Besser, ein Jude verliert seinen Bart, als ein Bart seinen Juden.«

Die Kunst, Probleme zu lösen, lebt von dieser Fähigkeit, den Dingen neue Bezugsrahmen zu verleihen, denn durch diese Technik werden verborgene Elemente an sich klarer Sachverhalte an den Tag gebracht. Betrachten wir hierzu eine Situation, wie sie in einer traditionellen jüdischen Anekdote beschrieben wird:

Ein junger Mann, der im Geschäft seines Vaters arbeitete, erwischte einen Angestellten beim Stehlen. Er ging zu seinem Vater, erzählte ihm alles und fragte: »Was sollen wir jetzt mit dem Kerl machen?«

»Er bekommt eine Lohnerhöhung«, antwortete der Vater ohne jedes Zögern.

»Eine Lohnerhöhung?« fragte der Sohn verblüfft.

»Wenn er gestohlen hat, heißt das, daß er nicht genug verdient«, erklärte der Vater.

Natürlich hatte der Sohn erwartet, daß der Vater dem Dieb eine Strafe und keine Belohnung zukommen lassen würde. Doch so, wie der Vater die Situation interpretierte, bewies er wahrscheinlich einen ausgeprägten Realitätssinn – was nicht heißen soll, daß solch eine Reaktion bei jedem Diebstahl angebracht ist. In diesem Fall aber konnte durch einen neuen Bezugsrahmen ein guter Angestellter seine Stelle behalten und erhielt nun einen angemesseneren Lohn. Der Sohn hingegen hatte sich von der Ästhetik der Logik leiten lassen, welche nach Strafe verlangte. Wer nicht in der Lage ist, die Bezugsrahmen zu wechseln, für den gibt es nur eine Dimension, in der er seine Wahl treffen kann: Welche von allen möglichen Strafen soll verhängt werden?

Wer sich hingegen nicht an einen einzigen Kontext bindet, erhält jenen Scharfblick, der gerade daraus erwächst, daß man sich der Lücken und der Ungewißheiten im Fundus des Wissens bewußt wird. So wie der Jude, der als einziger einem Massaker durch einen sadistischen Sultan entkam und schließlich doch von ihm aufgespürt wurde und zu hören bekam: »Wenn du eine Wahrheit sagst, wirst du gehängt. Wenn du aber eine Lüge vorbringst, wirst du enthauptet.« »Ich werde enthauptet«, antwortete der Jude – und setzte den Sultan schachmatt. Denn hätte dieser den Juden jetzt enthaupten lassen, wäre der Ausspruch wahr gewesen und der Jude hätte gehängt werden müssen; wäre er aber nicht enthauptet, sondern gehängt worden, hätte der Jude die Unwahrheit gesprochen und hätte deshalb enthauptet werden müssen.

Wenn das Faßbare wie hier nur noch Fehler produziert, müssen wir anders damit umgehen lernen. Dabei ist unser Ziel, die verborgenen Elemente des eigentlich Faßbaren auch wirklich dingfest zu machen.

Wer sich in der *Welt, in der Erkennbares verborgen ist*, erfolgreich bewegen will, muß über die nötige geistige Wendigkeit verfügen; d. h., er darf nicht stur an einem Text kleben, dabei aber auch nicht den Bezug zu dieser Basis verlieren. Es kommt also entscheidend darauf an, die nötige kritische Distanz zu einer These zu wahren, damit einem nicht die Ästhetik der Logik das Wahrnehmungsvermögen raubt.

Hierzu eine Erzählung über den Rabbi von Berditschew: Dieser sah, wie ein Mann die Straße entlanglief, ohne nach links und rechts zu schauen.
»Warum rennst du so?« fragte der Rabbi.
»Ich gehe meinem Erwerb nach«, antwortete der Mann.
»Und woher weißt du«, fuhr der Rabbi fort, »dein Erwerb laufe vor dir her, daß du ihm nachjagen mußt? Vielleicht ist er dir im Rücken, und du brauchst nur innezuhalten, um ihm zu begegnen, du aber fliehst vor ihm.« *

Der Rabbi spielt mit genau demselben Bild, das auch der Mann in dieser Geschichte benutzt: seinem täg-

* Martin Buber, Die Erzählungen der Chassidim. Zürich 1996, S. 361.

lichen Brot nachzurennen. Wir sehen, daß der Rabbi etwas von der *Welt, in der Erkennbares verborgen ist*, versteht, denn er versäumt nicht, die Geschehnisse in einen geeigneten Bezugsrahmen zu setzen. Ihm fällt ein bestimmter Aspekt im Verhalten des Mannes auf – nämlich daß dieser weder nach links noch nach rechts schaut. Somit erkennt er sofort, daß dieser Mann nicht »anwesend« ist. Eine solche »Anwesenheit« aber schafft neue Möglichkeiten; und was ist die Möglichkeit in diesem Fall? Das tägliche Brot!

Wie die Geschichte von dem Angestellten, der gestohlen hat, zeigt auch dieses Beispiel, wie die *Welt, in der Erkennbares verborgen ist*, in die praktische Welt hineinspielen kann. Doch diese Welt kann noch etwas anderes leisten, da ja das Lösen praktischer Probleme immer auch mit der *Welt, in der Erkennbares erkennbar ist*, zu tun hat. Die *Welt, in der Erkennbares verborgen ist*, wirft ein Licht auf unseren eigenen Standpunkt, von dem aus wir die Frage stellen. Auch alle anderen Welten – mit Ausnahme derjenigen, *in der Erkennbares erkennbar ist* – sind Durchgangsstationen auf dem Weg der Forschung. Wer in ihnen Verständnis für ein Problem erlangt, hat es damit noch nicht gelöst; die neuen Einsichten werfen jedoch so viel Licht auf das Umfeld eines Problems, daß dessen Lösungen nun innerhalb der *Welt, in der Erkennbares erkennbar ist*, zum Greifen nah sind. Die folgende chassidische Erzählung möge dies verdeutlichen:

Rabbi Jechiel Michal lebte in bitterer Armut, aber er war stets voller Freude. Eines Tages wurde er gefragt: »Rabbi, wie kannst du Tag für Tag beten ›Gesegnet seist Du, der alles sieht, was ich brauche‹, wo du doch nichts von dem hast, was ein Mensch braucht?«
Der Rabbi gab zur Antwort: »Offensichtlich ist es die Armut, die ich brauche, und an der hat es mir ja all die Jahre nicht gemangelt.«

Der Rabbi stellt seine Lage in ein völlig neues Bezugssystem, indem er Armut in etwas verwandelt, was ein Mensch möglicherweise brauchen kann. In »Armut« schwingt nun plötzlich auch etwas Positives mit. Ebenso wie Nicht-Wissen in Verbindung mit Information Wissen bedeutet, bedeutet Mangel in Verbindung mit dem Aspekt, daß er einem zur Verfügung gestellt wird, die Substanz, von der jemand zehrt. Vielleicht ist auch Zufriedenheit ähnlich wie Wissen nichts Absolutes, sondern ein Zustand des Behagens, den man erlangt, indem man sich bewußt macht, was Mangel bedeutet, so daß man die Dinge schätzen kann, die einem tatsächlich zur Verfügung stehen. Doch damit streifen wir bereits die Philosophie. Kehren wir deshalb wieder zur Methodik zurück, die uns hier eigentlich interessiert.

Der Ausspruch Rabbi Jechiels ist für uns nicht wegen seiner Aussagen über Resignation oder Theologie von besonderem Wert, sondern weil er uns zur

Vorsicht gemahnt, was jeden Versuch anbelangt, das Denken eines Menschen in eine bestimmte Richtung zu lenken. Selbst das Maß unserer Grundbedürfnisse, das uns doch in unserem Leben vorgegeben zu sein scheint, ist in Wirklichkeit eine Vorstellung, die erst das menschliche Bewußtsein hervorbringt.

Wer die Dinge in einen neuen Zusammenhang stellt, übt sich in einer der subversivsten Methoden, mit der Wirklichkeit umzugehen. Sie ist ihrem Wesen nach ein Aufstand gegen uniformes Denken und die herrschende Meinung. Der berühmte amerikanische Journalist Walter Lippman pflegte zu sagen: »Wenn alle gleich denken, denkt überhaupt keiner.« Wenn Menschen die Dinge auch einmal in einen anderen Bezugsrahmen stellen, so ist das vor allem ein Zeichen dafür, daß sich noch etwas tut im Garten der Erkenntnis. Es trägt der Tatsache Rechnung, daß »Wahrheiten« auch lügen und Denkprozesse unzuverlässig und korrumpierbar sein können; überhaupt ist das Denken kein rein rationaler Vorgang, sondern es hat auch emotionale und affektive Seiten.

»Kannst du nicht oder willst du nicht?«

Es gibt verschiedene Methoden, neue Bezugsrahmen herzustellen; einige davon sind paradigmatisch. Die wichtigste geht davon aus, daß es einen Grund hat, wenn man trotz Nachdenkens auf kein Ergebnis kommt. Dann nämlich sei der Wunsch zu verstehen nicht groß genug. Die chassidischen Meister arbeiteten ständig mit dieser Methode. Wenn ihre Schüler Schwierigkeiten hatten, einem bestimmten Gedankengang zu folgen, fragten die Lehrer: »*Kannst* du nicht verstehen, oder *willst* du es nicht?«

Damit sind wir zweifellos bei einer der stärksten inneren Blockaden, die in der emotionalen Welt beziehungsweise in der *Welt, in der Erkennbares verborgen ist*, auftauchen können. Jeder von uns hat ein ureigenes Interesse, auf eine ganz bestimmte Weise zu denken und zu handeln. All das hat sich fest eingeprägt, und wir verteidigen diese individuellen Weltanschauungen mit Klauen und Zähnen. Wir können uns deshalb so gut wie gar nicht von ihnen befreien. Wenn wir sagen: »Ich kann nicht«, steht das zumeist nicht am Ende einer rationalen Überlegung, sondern einer emotionalen Entscheidung. »Ich kann nicht« heißt dann »Ich will nicht«.

Während des Kalten Krieges sagten die Juden in Rußland gern: »Wenn man einen Russen zur Rede stellt und er nicht mehr umhin kommt, seine Meinung zu sagen, wird er antworten: ›Natürlich habe ich eine Meinung. Aber ich stimme ihr nicht zu.‹«

In der *Welt, in der Erkennbares verborgen ist*, kann es nur dann zu Einsicht und Erkenntnis kommen, wenn es dem Selbst gelingt, das Ich mit all seinen eingefahrenen Interessen zu überwinden. Wenn man Situationen einen neuen Bezugsrahmen gibt, bedeutet das häufig eine Katharsis. Diese ist so etwas wie eine erfolgreiche Verhandlung in uns selbst, bei der sich das Ich dem größeren Selbst verpflichtet.

Jeder Mensch sollte lernen, wie man diese innere »Opposition« gegen die Tyrannei seiner kleineren Bequemlichkeiten und Interessen fördert und stärkt. Wenn man mit etwas gut und gerne zurechtkommt, das man eigentlich gar nicht glauben kann und auch nicht mag, ist das, wie wenn man ein Fenster öffnet zu der *Welt, in der Erkennbares verborgen ist.*

Wenn wir uns in der *Welt, in der Erkennbares verborgen ist,* bewegen, machen wir uns ein Bild von den umliegenden Bereichen des Nicht-Wissens. Während in der *Welt, in der Erkennbares erkennbar ist,* alles zum Nicht-Wissen zählt, was nicht in ein vorgegebenes logisches System paßt, ist das Nicht-Wissen in dieser gefühlsbetonten Welt alles, was dazu beiträgt, daß wir unser seelisches Gleichgewicht nach einem bestimmten Muster aufrechterhalten. Es gibt bestimmte äußere Vorgaben, die festlegen, wie man die Wirklichkeit am besten verstehen kann. Wer sich damit auskennt, der befindet sich auf dem Weg zur Weisheit. Er kann nicht nur seinen eigenen Panzer durchdringen, sondern genauso auch den anderer Menschen. Mit Hilfe dieser Fähigkeit kann er die anderen nicht nur aufgrund dessen verstehen, was sie sagen und tun, sondern auch von dem her, was sie verschweigen und unterlassen. Wir werden das im nächsten Abschnitt (»Transparenz«) verdeutlichen.

Vielleicht sollten wir uns vornehmen, unser Selbst eher zu einem Richter als zu einem Weisen auszubilden. Dieser Richter sollte nicht einfach nur Tatsachen beurteilen; er sollte vielmehr in der Hauptsache überprüfen, ob Zeugen glaubwürdig und die zur Entscheidung vorgelegten Anträge rechtschaffen sind. Diese Beurteilung ist dann nur ein Schritt in dem langen Prüfungsverfahren, in dem die vorgetragenen Fakten auf ihre Tragfähigkeit abgeklopft werden – immerhin werden diese Tatsachen später die Grundlage einer Auffassung oder einer Entscheidung bilden.

Wenn man eine Sache in einen neuen Bezugsrahmen stellt, läuft das auf die Gegenüberstellung zweier Zeugen hinaus. Man geht dann einem Fall nach, indem man abwechselnd die eine und dann die andere Perspektive der streitenden Parteien einnimmt und somit deren jeweiliges Interesse an einer Verdunkelung der Wahrheit erkennt. Damit kommt man an verborgene Handlungspläne heran, mit denen sich die tatsächlichen Abläufe viel leichter erklären lassen. Man bringt sie ans Licht und macht sie erkennbar. So manches Phänomen läßt sich erst jetzt verstehen.

Eine chassidische Geschichte hat genau diese Methodik des Denkens zum Thema und liefert uns eine Metapher für jenen Vorgang, in dem das Nicht-Wissen kenntlich gemacht wird. Wenn wir es genauer betrachten, zeigt uns die Geschichte, wie verbrettert und begriffsstutzig wir sind, wenn wir es mit einem Sachverhalt zu tun haben, den zu verstehen wir überhaupt kein Interesse haben:

Ein Rabbi schaute einmal einem Hochseilartisten zu. Hinterher fragte er ihn: »Worin besteht das Geheimnis, daß du nicht das Gleichgewicht verlierst?«

Der Hochseilartist stellte eine Gegenfrage: »Was glaubst du, wohin sollte man schauen, um das Gleichgewicht zu halten?«

Der Rabbi erwiderte: »Auf keinen Fall auf den Boden oder auf das Seil.«

»Genau«, sagte der Artist. »Man muß immer die Stange im Auge behalten, die das Seil am anderen Ende trägt. Und was ist der gefährlichste Augenblick?«

»Der Moment, in dem du dich wieder umdrehen mußt und eine Sekunde lang deinen Bezugspunkt verlierst.«

»Ganz genau«, sagte der Artist.

Man sollte einen Denkvorgang nie dadurch aufs Spiel setzen, daß man sich auf den jeweils nächsten Schritt konzentriert. Wenn man in Zweifel gerät, ob der nächste Schritt auch tatsächlich der richtige ist, ist das, als würde man auf das Seil hinunterblicken. Man gefährdet damit den ganzen Ablauf, bei dem man immer nur auf das Ziel, auf die Stange am Ende des Seils, konzentriert sein sollte. Jeder Forscher kann einem bestätigen, daß die Augenblicke, in denen man sich umdreht – wenn man also keinen Zielpunkt mehr anvisiert –, die kritischen Stellen sind, bei denen man ganz besonders darauf achten muß, das Gleichgewicht zu behalten. Diese Momente entscheiden über Erfolg oder Mißerfolg des Forschungsvorhabens.

Wenn wir auf dem Seil einen Schritt an den anderen reihen, befinden wir uns in der *Welt, in der Erkennbares erkennbar ist.* In den Momenten hingegen, in denen wir auf das Seil schauen – so können wir den Bezugsrahmen unserer Schritte ändern –, betreten wir die *Welt, in der Erkennbares verborgen ist.* Doch die Augenblicke, in denen wir ohne Perspektive dastehen, die Wendepunkte, gehören einer ganz anderen Realität an: den Welten, in denen die Dinge verborgen sind – seien diese nun faßbar oder, wie wir später sehen werden, flüchtig.

Wer beim Hochseilakt des Denkens nicht straucheln und abstürzen möchte, der muß die naheliegenden kleineren Interessen (den nächsten Schritt) vernachlässigen, um das große Ziel (die gesamte Überquerung auf dem Seil) zu erreichen.

Wer sich dazu versteht, im Gesagten auch das nicht Gesagte zu hören, wer aus einem »Ich kann nicht« das eigentlich gemeinte »Ich will nicht« heraushört und wer die Situationen in neue Bezugsrahmen stellen kann, der ist in der Lage, die zahlreichen Schichten zu durchdringen, welche die Wirklichkeit verdecken. Der wird auch die vielen Versteckspiele durchschauen, die wir Menschen nur allzu gerne aufführen; und er wird ganz allgemein an Klarheit gewinnen – eine Erfahrung, die viele Überraschungen in sich birgt, zugleich aber auch beängstigend wirken kann.

Es gibt hierzu eine berühmte Geschichte über einen chassidischen Rabbi, der in der Seele eines Menschen lesen konnte, indem er einfach nur dessen Stirn betrachtete. Als der Rabbi einmal eine bestimmte Stadt besuchte, setzten alle Bewohner aus Angst vor seiner Fähigkeit ihre Hüte auf und zogen sie tief ins Gesicht. »Ihr irrt euch!« rief ihnen der Rabbi zu. »Ein Auge, das durchs Fleisch dringt, dringt auch durch den Hut.«*

In Wahrheit wissen wir gar nicht, wie durchsichtig wir sind. Wir glauben, wir könnten unsere Gefühle verbergen oder verstellen, indem wir auf eine bestimmte Weise handeln und reagieren; wir begreifen aber nicht, daß sie über ein breites Spektrum an Si-

* Buber, S. 248.

gnalen an die Umwelt abgegeben werden. Jeder kann darin wie in einem Buch lesen und unsere Gefühle entsprechend einschätzen. Nur allzu oft vollführen wir geistige Verrenkungen und bieten Erklärungen und Rechtfertigungen an, nur um etwas zu beweisen, das wir faktisch mit all diesen Anstrengungen nur widerlegen. Je mehr wir uns bemühen, die Wirklichkeit zu verbergen, desto deutlicher tritt sie zutage. Diese Transparenz kommt daher, daß wir diese riesige Menge an Informationen als »umgekehrte Signale« versenden. Ein geübter Beobachter kann daraus Informationen ziehen, die weitaus deutlicher sind als die vorgebliche Aufrichtigkeit, die hiermit nur Lügen gestraft wird. Jeder von uns kann sich dieses Wissen zunutze machen und die Wirklichkeit besser verstehen, wenn diese sich gerade mal wieder in der Gestalt zeigt, *in der Erkennbares verborgen ist* – verstellt und doch offenkundig.

Wenn man jemanden durchschaubar macht, ist das sogar ein Weg, wie sich Menschen näherkommen können. Man muß beim Demaskieren darauf achten, daß man die Betroffenen nicht lächerlich macht. Es geht vielmehr darum, die Beziehungen zwischen Menschen ehrlicher zu machen. Gelingt das, wird derjenige, der soeben noch seine Umwelt täuschen wollte, seine Enttarnung als Ausdruck einer geradezu betörenden Klugheit empfinden. Die nächste Geschichte soll das näher beleuchten:

Als er noch recht jung war, begab sich Michal, der Rabbi von Zloczow, zum Baal Schem tow (den man auch den Bescht nannte), um herauszufinden, ob er Schüler dieses großen Mystikers werden solle.
Einmal nahm der Bescht Michal auf eine Reise mit. Sie waren schon eine Zeitlang unterwegs, als sie merkten, daß sie auf der falschen Straße fuhren. »Was ist los, Rabbi?« fragte Michal. »Weißt du den Weg nicht?« »Er wird mir zur rechten Zeit gezeigt werden«, erwiderte der Bescht.
Sie nahmen nun eine andere Straße, doch auch die erwies sich schon bald als falsch. »Jetzt hast du dich schon wieder verfahren, Rabbi«, meinte Michal.
»Es steht geschrieben«, sagte der Bescht seelenruhig, »daß Gott die Wünsche derer erfüllt, die Ihm aufrichtig dienen. Und jetzt verspürt Er gerade Seinen Wunsch, mich auszulachen.«
Diese Worte berührten den jungen Michal so tief, daß er nun keine Zweifel mehr hegte und den Bescht aus ganzer Seele als seinen Meister annahm.

Die Rabbiner ließen nur ungern eine Möglichkeit aus, der Unaufrichtigkeit die Stirn zu bieten; denn sie wußten, daß man daraus viel lernen kann. Ihnen war klar, daß beim Demaskieren bestimmte verborgene Seiten des Erkennbaren aufgedeckt werden, was dem Denken nur förderlich sein kann. Wer miterlebt, wie seine Unaufrichtigkeit aufgedeckt wird, der verstummt.

Denn nun werden seine verworrenen Gedankengänge und Denkstrukturen sichtbar gemacht, die sich auf destruktive Weise mit »nicht wissen« verbunden haben.

Bei ihren Beurteilungen und Interventionen bedienten sich die Rabbiner ständig solcher »Transparenztechniken«, um der Weisheit auf die Sprünge zu helfen. Sie enthüllten Dinge, die in manch anderen Erscheinungsformen getarnt waren, und eröffneten den Menschen damit neue Wege der Persönlichkeitsentwicklung. Die beiden folgenden Beispiele zeigen, wie man durch Transparenz praktische Probleme lösen kann.

Ein Sünder, der Buße tun wollte, kam zum Popschitzer Rabbi, um zu erfahren, was oblag. Er schämte sich, dem Zaddik alle seine Sünden zu bekennen, und mußte doch jede offenbaren, um die sie sühnende Bußhandlung zu vernehmen. Daher erzählte er, einer seiner Freunde habe sich solchermaßen vergangen, aber aus Scham es nicht über sich gebracht, selber zu kommen, und ihm den Auftrag erteilt, für jede Sünde die ihr zustehende Reinigung zu erfragen.

Rabbi Naftali sah ihm lächelnd ins listig angestrengte Gesicht. »Dein Freund«, sagte er, »ist ein Tor. Er konnte doch getrost selber kommen und mir vorschwatzen, er vertrete einen anderen, der sich zu kommen geschämt habe.« *

* Buber, S. 676.

Der Rabbiner stellt die Wirklichkeit taktvoll in einen neuen Bezugsrahmen, so daß der Mann sich von außen betrachten kann. Damit ist er vor sich selbst entblößt und blickt durch seine eigene Fassade. So kann er nicht nur erkennen, wie schwach seine List ist, sondern auch begreifen, daß sie sich nicht von den Fehlern unterscheidet, für die er eigentlich büßen wollte.

Ein armer Bauer fand auf seinem Weg in die Stadt eine Brieftasche. Er schaute hinein, fand darin neunzig Dollar, Namen und Adresse des Eigentümers und einen Zettel mit der Notiz: »Wer diese Brieftasche findet, möge sie bitte zurückgeben. Zehn Dollar Finderlohn.« Der Bauer begab sich schnurstracks zu der angegebenen Adresse und händigte dem Eigentümer seine Brieftasche aus. Aber anstatt sich dankbar zu erweisen, sagte dieser: »Wie ich sehe, hast du dir die zehn Dollar Finderlohn bereits genommen.«

Der Arme schwor, er habe nichts dergleichen getan, doch der Besitzer behauptete steif und fest, es seien hundert Dollar in der Brieftasche gewesen. Also gingen die beiden zum Rabbiner, der ihnen nacheinander geduldig zuhörte.

»Wem glaubst du nun, Rabbi«, fragte der Reiche herausfordernd, »dem dummen Bauern oder mir?«

»Natürlich dir«, sagte der Rabbiner, sehr zum Ärger des Bauern.

Doch dann nahm der Rabbiner die Brieftasche und

gab sie dem Bauern. Verblüfft fragte der Reiche: »Was machst du denn da?«

»Du hast doch gesagt, in deiner Brieftasche waren hundert Dollar. Dieser Mann sagt, in der Brieftasche, die er gefunden hat, waren nur neunzig. Also kann es nicht deine Brieftasche sein«, sagte der Rabbiner sehr bestimmt.

»Aber was ist mit dem Geld, das ich verloren habe?« rief der Reiche wütend.

»Wir müssen eben warten, bis jemand eine Brieftasche mit hundert Dollar findet«, erklärte der Rabbiner geduldig.

Auch in diesem Fall war die Angelegenheit für den Rabbiner so transparent, daß er sie durchschauen konnte. Der Eigentümer der Brieftasche selbst gab die Lösung des Problems vor. Er wollte alle Bedingungen festlegen, vor allem die Bedingungen der Realität an sich. Der Rabbiner ließ sich darauf ein, trieb aber die Konsequenzen bis zum Äußersten. In einer absurden Welt beziehungsweise einer der verborgenen Dinge kann man bisweilen auch einmal auf dem Weg des Wahnsinns oder der verzerrten Wahrnehmung weitergehen – und kommt auch so ganz überraschend auf logische Lösungen. Wenn man keinen Grund hat, an den Worten eines anderen zu zweifeln, können manchmal die interessantesten Varianten von Wirklichkeit Gestalt annehmen. Es handelt sich dann um eine Version, die keine besonderen Interessen berücksichtigt – weil sie nämlich erlogen ist; sie wird deshalb auch auf die eine oder andere Weise auf denjenigen zurückfallen, der die Lüge in die Welt gesetzt hat. Die Argumentation des Rabbiners geht auf die Vorstellung zurück, daß man die Wahrheit nicht ungestraft verdrehen kann. Er kommt auf seine Lösung, weil er die dahinterstehende Wirklichkeit transparent machen kann.

In keinem der beiden Fälle zogen die Rabbiner die ihnen präsentierte Version von Wirklichkeit in Zweifel. Weil sie aber hinter die Kulissen blickten, fanden sie sich in dieser Welt der verschiedenen Versionen zurecht und fanden Lösungen, die der Wirklichkeit selbst und nicht nur einer ihrer Versionen gerecht wurden.

Die paradoxe Variante

Was ist die schwerste Sache auf der Welt?
Eine leere Hosentasche.
Jiddisches Sprichwort

Auch Paradoxes kann bisweilen Licht ins Dunkel des Nicht-Wissens bringen. Entsprechende Antworten sollen in uns so lange nachklingen, bis wir schließlich zur Einsicht gelangen. Das Wesen eines Paradoxes liegt in der Wiederholung oder dem Widerspruch. Hier zwei Beispiele für die redundante Variante:

Morris saß wie gewohnt mit einem Freund beim Kartenspiel. Einmal kam es zum Streit, und Morris platzte hervor: »Was bist du eigentlich für ein Mensch, daß du jeden Tag mit einem Typen wie mir Karten spielst, der es fertigbringt, sich hinzusetzen und mit einem Typen wie dir Karten zu spielen?«

Ein Club in Hollywood bot Groucho Marx die Mitgliedschaft an. Daraufhin telegraphierte dieser zurück: »Bitte haben Sie Verständnis, daß ich Ihr Angebot nicht annehmen kann. Aber ich will von der Mitgliedschaft in einem Club absehen, der Leute wie mich aufnimmt.«

Im ersten Fall zeigt die Wiederholung, wieviel Mißtrauen und Charakterschwäche die Beziehung zwischen den beiden Männern belastet. Sobald der eine mogelt, deckt der andere die *Welt, in der Erkennbares verborgen ist,* auf. Das redundante Paradox deckt den tatsächlichen Charakter ihrer Verbindung auf.

Im zweiten Fall möchte Groucho sein Mißfallen an snobistischen Clubs zum Ausdruck bringen, die ihre Mitglieder selbstherrlich und nach einseitigen Kriterien auswählen. Er kleidet seine Weigerung in Worte, welche die Wahrheit in verdeckter Form ausdrücken. Damit sät er geschickt Zweifel, die in den Reihen der Clubmitglieder auf Resonanz treffen sollen: »Er will kein Mitglied werden, weil er es nicht verdient hat. Aber wir haben ihn doch ausgewählt und ihm damit angezeigt, daß wir ihn der Mitgliedschaft für würdig erachten. Warum will er trotzdem nicht beitreten? Soll das etwa heißen, er will keinem Club angehören, dessen Mitglieder so sind wie wir?«

Groucho setzte seine Pointe, ohne polemisch zu werden. Seine raffinierte Antwort bringt seine Kritik an dem Club zweifelsfrei zum Ausdruck, ohne dabei den Mitgliedern eine Angriffsfläche zu bieten. Paradoxe Lehrstücke setzen mit ihrer Ironie und Kritik wirksame Zeichen.

Hierzu hat uns die chassidische Tradition noch ein weiteres Beispiel überliefert:

Rabbi Menachem schloß jeden Brief, den er aus Israel schrieb, mit der Formel »Der wahrhaft Demütige«.

Einmal wurde der Rabbi von Rizin gefragt: »Wenn Rabbi Menachem wirklich so demütig war, wie konnte er sich dann selbst so bezeichnen?«

Der Rabbi von Rizin erwiderte: »Rabbi Menachem lebte so sehr in Demut, daß er diese gar nicht mehr als Tugend empfand.«

Hier wird mit Hilfe eines redundanten Paradoxes der innerste Kern des Wortes »demütig« beleuchtet: Dieser Rabbiner ist in der Tat so demütig, daß er sich problemlos selbst so bezeichnen darf. Denn für einen wahrhaft Demütigen ist der Begriff Demut ohne Bedeutung. Der Rabbi wollte uns auf diese etwas provokative Art der Selbstbezeichnung eine bestimmte Charaktereigenschaft näherbringen. Mit Hilfe einer faßbaren Sache – in diesem Fall eines Widerspruchs – gewährt uns Rabbi Menachem einen Einblick in seine verborgene Welt. Darin ist ein Mann so demütig, daß Demut für ihn ohne Bedeutung ist – und wir sehen, worum es bei Demut tatsächlich geht.

Die andere Art, mit einem Paradox Zeichen zu setzen, bedient sich des Widerspruchs. Dieser muß mit seiner inneren Logik das Gegenteil einer Situation oder einer Frage beleuchten. Hier zwei Beispiele:

Ein Gemeindemitglied sagte zu einem anderen: »Unser Rabbi ist so ein guter Mensch und führt mit seinem geringen Einkommen ein so bescheidenes Leben.«
»Das stimmt«, meinte der andere. »Er würde sich wahrscheinlich noch zu Tode hungern, wenn er nicht jeden Montag und Dienstag fasten würde.«

Der Antwortende setzt ein paradoxes Zeichen, damit die erste Äußerung noch klarer wird. Hätte der Rabbiner nicht den inneren Halt seines geistigen Lebens, könnte er mit seinem kläglichen Gehalt wahrscheinlich nicht überleben. Daß sein Fasten eine »Unterbrechung« seiner sonstigen armseligen Ernährungsweise darstellen soll, ist an sich eine absurde Vorstellung. Es wird dem Armen aber trotzdem wie eine Erleichterung vorkommen, weil es ihm die Kraft gibt, seine Lebensumstände tapfer zu ertragen. Wer sich also in diesem Fall auf eine paradoxe Aussage einläßt, versteht etwas. Denn das Paradox enthüllt die verborgenen Bereiche einer an sich faßbaren Situation.

Eine Zweiundachtzigjährige schleppte sich wankend in die Praxis von Dr. Neyrowitz. »Herr Doktor«, sagte sie zu ihrem Hausarzt, »mir geht es gar nicht gut.«

»Das tut mir leid, Frau Kupnick, aber es gibt Dinge, gegen die kann auch die moderne Medizin nichts ausrichten. Ich kann Sie nicht jünger machen, verstehen Sie?«

»Wer hat denn gesagt«, erwiderte Frau Kupnick, »daß Sie mich jünger machen sollen? Alles, was ich von Ihnen erwarte, ist, daß Sie mich älter machen.«

Der Arzt hat die Lage völlig falsch beurteilt. In seiner mangelnden Sensibilität kommt er zu dem Schluß, die Frau verlange etwas Unmögliches von ihm. Durch ihre trockene Antwort steht er aber plötzlich mit seinem scheinbar geistreichen Kommentar dumm da. Schließlich ist es seine Aufgabe als Arzt, seiner Patientin zu helfen und nicht ein Urteil über ihre persönliche Lage oder den Gang der Natur abzugeben. Durch das paradoxe Zeichen, das sie setzt, macht die Frau den wahren Sinn ihrer Äußerung unmißverständlich klar. Sie setzt das logische Gegenteil ein, um die Situation in einen anderen Bezugsrahmen zu stellen. So wird der Arzt in seine Schranken verwiesen und muß nun begreifen, daß das einzig Lächerliche in dieser Angelegenheit seine irrige Wirklichkeitswahrnehmung war, die ihn zu seiner frechen Bemerkung veranlaßte. Viel mehr als mit einer konventionellen Entgegnung übt sie mit ihrem paradoxen Lehrstück eine beißende Kritik an bestimmten Verhaltensweisen, die in den Gedanken noch lange nachklingen.

Die ironische Variante

Auch Ironie kann die *Welt, in der Erkennbares verborgen ist*, ans Licht bringen. Mit Ironie nimmt man Abstand von der unmittelbaren Wirklichkeit und kann sie so aus der Distanz betrachten. Das verschafft uns die Möglichkeit, geistreich und pointiert zu reagieren. So wie mit anderen Methoden auch, die geeignet sind, die *Welt, in der Erkennbares verborgen ist*, aufzudecken, gibt die Ironie irrige Sichtweisen der Wirklichkeit überzeichnet wieder, um das Faßbare erkennbar zu machen. Ironie tritt häufig in Gestalt eines Paradoxes auf; sie treibt dann eine widersinnige These auf die Spitze und überzieht sie mit Spott. Der Verfechter des kläglichen Gedankens wird gezwungen zu begreifen, daß er es an gesundem Menschenverstand ermangeln ließ. Die Ironie zieht keine Schlußfolgerungen; sie regt nur an, indem sie Torheiten oder unangebrachtes Verhalten ans Licht bringt.

Nach jeder ironischen Äußerung bleibt eine leichte

Spannung in der Luft, weil dem Opfer ja nicht der »Todesstoß« versetzt wird; auch die Ironie entfaltet ihre Wirkung dadurch, daß sie in den Gedanken lange nachklingt.

Ein Bauer ging zu einem Rabbiner und klagte: »Rabbi, wir leiden unter der schlimmsten Dürre seit Jahren. Meine Äcker geben nichts mehr her, das Vieh stirbt mir weg, und meine ganze Familie leidet schrecklichen Hunger. Was soll ich nur tun?«

»Sei getrost«, versuchte ihn der Rabbiner zu beruhigen, »der Herr wird schon für euch sorgen.«

»Das weiß ich ja«, meinte der Bauer. »Ich würde mir nur wünschen, er sorgte für uns, bis er dazu kommt, für uns zu sorgen.«

Diese ironische Antwort steht nicht im Widerspruch zu den Worten des Rabbiners. Die absolute Realität der Not, der sich jemand in voller Härte ausgesetzt sieht, dessen Familie vor dem Verhungern steht, wird mit dem Gemeinplatz des Rabbiners kontrastiert. Gerade dadurch geht uns aber das beschriebene Leid besonders tief unter die Haut. Mit diplomatischem Geschick gibt der Bauer dem Rabbiner zu verstehen, daß dieser nicht begriffen hat, worum es einem armen Mann bei solch einem Besuch geht. Wenn der Rabbiner dem Bauern keine Lösung aufzeigen kann, sollte er wenigstens genug Gespür haben, gar keine Antwort anstatt einer nichtssagenden zu geben.

Innerhalb des weiten Feldes an Antworten haben die Weisen das Schweigen stets als eine ganz grundlegende Variante angesehen. »Mein Lebtag bin ich bei den Weisen herangewachsen, und ich habe nichts Besseres gefunden als das Schweigen« (Pirkei Awot 1,17). Damit ist eine aktive Antwort gemeint. Das Schweigen kann auf keinen Fall mit einer nichtssagenden Antwort, wie sie der Rabbi gibt, gleichgesetzt werden. Es wäre vielmehr eine durchaus angemessene Reaktion auf die Frage des Bauern. Allerdings ist es sehr schwierig, Schweigen als Antwort anzubieten; diese Methode bleibt den wirklich Weisen vorbehalten.

Kaum ein anderer Bereich innerhalb der jüdischen volkstümlichen Überlieferung ist so reich an Ironie wie derjenige zum Thema Geschäftswelt. Viele jüdische Geschichten beginnen mit dem Satz: »Soundso ging zum Rabbiner und sagte ...« Aber auch ironische Dialoge zwischen Kaufmann und Kunde erfreuen sich als Schauplatz menschlicher Interaktion großer Beliebtheit. Viele Probleme, die auf der Couch eines Psychoanalytikers ins Bewußtsein dringen, tauchen auch dann auf, wenn zwischen zwei Menschen eine Theke steht. Hier ein Beispiel:

Sadie Weintraub ging in die Bäckerei und verlangte zwei Brötchen.

»Macht zwei Mark«, sagte der Bäcker.

»Zwei Mark?!« empörte sich Sadie. »Bei der Konkurrenz drüben kosten sie nur eins fünfzig!«

»Dann kaufen Sie halt da«, meinte der Bäcker achselzuckend.

»Aber da gibt es keine mehr.«

»Gnä' Frau, wenn ich *keine Brötchen mehr habe, kostet bei mir jedes nur noch fünfzig Pfennig.«*

Diese paradoxe Antwort fertigt nicht nur die Kundin ab; es offenbart auch Geheimnisse aus der komplexen Welt der Geschäfte und der Konkurrenz. Wer nichts zu verkaufen hat, der kann die Preise leicht niedrig halten. Der Bäcker macht sich über eine Dame lustig, die meint, sie müsse die informierte Kundin spielen. Es besteht nämlich ein großer Unterschied zwischen einem Kunden, der nur eine Selbstverständlichkeit »enttarnt« – nämlich daß ein Kaufmann nach Gewinn strebt –, und einem, der tatsächlich seine Rechte kennt und diese auch zu wahren weiß. Durch seine Antwort zeigt der Bäcker der Kundin, wie wenig sie vom Markt versteht. Ein Kunde sollte nie versuchen, bei dem Händler einen Gewinn zu erzielen – sonst müßten die beiden die Rollen vor und hinter der Ladentheke tauschen. Die Kommentare eines Kunden bringen den Geschäftsmann häufig an den Rand des Wahnsinns. Dann würde er am liebsten sagen: »Sie haben Ihre Rolle in diesem Spiel überhaupt nicht begriffen: Ich verkaufe und mache dabei einen Gewinn; Sie bekommen eine Ware, deren Preis sich aus ihrem Wert und meinem Gewinn zusammensetzt.« Natürlich steht es dem Kunden frei, bei diesem »Spiel« die Höhe des Gewinns in Frage zu stellen – nicht aber den Profit an sich. Doch gerade das versuchen verärgerte Kunden immer wieder.

Ein guter Kaufmann weiß über seine Rolle Bescheid – und auch darüber, daß er den Kunden übers Ohr hauen kann. Ein buddhistischer Mönch berichtet über seine Begegnung mit einem jüdischen Ladenbesitzer in New York: Sie wurde ihm zu einer wichtigen Lehre fürs Leben. Der Mönch schaute sich gerade einen Computer in einer Vitrine an, als er jemanden beiläufig sagen hörte: »Nehmen Sie nicht den. Der andere ist besser.« Der Mönch merkte, daß der Ladenbesitzer zu ihm gesprochen hatte, während er gleichzeitig mit anderen Dingen beschäftigt war. »Warum ist der andere besser?« wollte der Mönch wissen. »Nun, ich sehe, daß Sie von Computern nichts verstehen. Sie schauen sich nämlich den schlechtesten an. Ich könnte Sie also ohne weiteres hereinlegen. Sie brauchen überhaupt nicht zu wissen, warum der andere besser ist, eben weil ich Sie übers Ohr hauen könnte. Sie sollten mir glauben: Der da ist besser.«

Diese paradoxe Interaktion – »Ich kann Sie hereinlegen, also vertrauen Sie mir lieber« – läßt uns begreifen, daß man eine bestimmte Situation nicht unbedingt voll im Griff haben muß, um darin dennoch einigermaßen angemessen urteilen oder reagieren zu können. Wer genug Vernunft mitbringt, kann die Wirklichkeit einer solchen Interaktion erfassen, und dementsprechend auf das setzen, was am offensichtlichsten ist – auch wenn es hinter der »Ungewißheit« des Nicht-Kontrollierbaren verborgen ist. Das hat nichts mit Intuition zu tun, sondern es geht um eine bewußte Entscheidung für die Möglichkeit, daß es auch dank einer nicht-offensichtlichen Realität offensichtlich werden kann, wie man sich wohl am besten zu entscheiden hat. Diese Deutung des Realen stützt sich zwar auf ein Gefühl, aber es gründet auch fest auf einer sorgfältigen Abwägung der Realität.

An einem sehr heißen Tag betrat Herr Finkelstein einen Laden, um sich einen Papierfächer zu kaufen.
»Was für Fächer haben Sie?« fragte er.
»Wir haben Fächer für zehn und fünfzig Pfennig und für eine Mark«, antwortete der Ladenbesitzer.
»Geben Sie mir einen für zehn Pfennig«, sagte Herr Finkelstein.
»Bitte sehr«, sagte der Ladenbesitzer und gab ihm einen dünnen japanischen Fächer.
Nach zehn Minuten tauchte Finkelstein wieder auf.
»Schauen Sie mal her, was für einen Schrott Sie mir da verkauft haben«, tobte er. »Er ist schon kaputt.«
»Kaputt?« meinte der Ladenbesitzer überrascht. »Wie haben Sie ihn denn verwendet?«
»Was für eine blöde Frage! Wie man Fächer eben verwendet. Ich habe ihn in der Hand gehalten und vor meinem Gesicht hin und her gewedelt.«

»Aber nein«, erklärte der Ladenbesitzer, »einen Zehn-Pfennig-Fächer müssen Sie ganz ruhig halten und den Kopf davor hin und her bewegen.«

Der Ladenbesitzer macht sich über den Kunden lustig, weil dieser die Realität falsch einschätzt. Angesichts des niedrigen Preises hätte er sich erkundigen müssen, wie es um die Qualität dieser Ware bestellt sei. Dann hätte ihm der Ladenbesitzer erklären müssen, daß ein Zehn-Pfennig-Fächer nicht das leistet, was Finkelstein erwartet. Die Ironie des Händlers unterstreicht diesen Unterschied und bedient sich dabei der Sprache des Kunden: »Es liegt gar nicht am Material, sondern daran, daß Sie nicht wissen, wie man damit umgeht.« Das Problem, läßt er den Kunden wissen, ist nicht die Ware, sondern der Kunde selbst.

Vorhersagen

Vorhersagen sind eine weitere Methode, wie man die *Welt, in der Erkennbares verborgen ist*, sichtbar machen kann. Vorhersagen sind tatsächlich echte Prognosen, die dadurch möglich werden, daß jemand in der Lage ist, die Wirklichkeit außerordentlich klar und sensibel wahrzunehmen. Wenn jemand mehr sieht als andere, kann er die Dinge auf eine Weise beschreiben, die auf andere übernatürlich wirkt. Es gibt zwei Arten von Vorhersagen: die eine bezieht sich auf verborgene Offensichtlichkeit, die andere auf Verkettung von Offensichtlichem.

Verborgene Offensichtlichkeit:

Hitler hatte Alpträume und befahl seinen Adjutanten, einen Traumdeuter zu schicken.

»Aha«, verkündete der Wahrsager, »ich sehe, daß Sie an einem jüdischen Feiertag sterben werden.«

Bei Hitler siegte die Neugier über die Angst: »An welchem denn?« wollte er wissen.

»An welchem Tag Sie auch immer sterben werden, es wird auf alle Fälle ein jüdischer Feiertag sein.«

Verkettung von Offensichtlichem:

Herr Rosen hatte zwei Wochen geschäftlich in New York verbracht und fuhr jetzt zurück in seine Kleinstadt. Neben ihm im Zug saß ein junger Mann, den er nicht kannte. Weil er eine lange Fahrt vor sich hatte, verwickelte Rosen seinen Reisegefährten in ein Gespräch.

»Wohin fahren Sie?« fragte er.

Der Fremde lächelte und sagte: »Nach Glen Falls.«

»Ich auch«, sagte Herr Rosen überrascht. »Ich wohne dort. Fahren Sie geschäftlich hin?«

»Nein, privat«, erwiderte der junge Mann.

»Ach, Sie haben Verwandte dort?«

»Nein.«

Herr Rosen dachte kurz nach. »Sind Sie verheiratet?«
»Nein.«
Nun dachte Rosen nach: »Er fährt nach Glen Falls, hat aber dort keine Verwandten. Er ist ledig und fährt aus privaten Gründen hin. Warum wohl? Offensichtlich besucht er eine junge Frau – vielleicht möchte er ihre Familie kennenlernen? Wird er sich verloben? Wenn ja, mit wem? Es kommen nur drei jüdische Familien in Frage ... die Resnicks, die Feldsteins und die Sanowitzens.
Die Resnicks fallen aber gleich wieder raus, weil Resnick nur Söhne hat. Die Feldsteins haben zwei Töchter, aber die eine ist schon verheiratet, und die andere ist auf dem College und um diese Zeit nicht zu Hause. Es müssen die Sanowitzens sein. Die haben drei Töchter, Marscha, Rebekka und Rochelle. Marscha ist schon verlobt. Becky ist für diesen gutaussehenden jungen Mann nicht attraktiv genug. Also Rochelle. Jawohl, Rochelle! Eine Schönheit!«
An diesem Punkt beendete Rosen sein Schweigen und lächelte den Fremden an: »Ich gratuliere Ihnen zu Ihrer bevorstehenden Hochzeit mit Rochelle Sanowitz!«
»Aber – aber woher wissen Sie das?« stotterte der junge Mann.
»Wieso, das ist doch ganz klar!« erwiderte Herr Rosen.

Es ist nicht schwer, sich in der *Welt, in der Erkennbares verborgen ist*, zurechtzufinden, wenn man die nötige

Phantasie hat und deshalb auch weiß, daß die Wirklichkeit vor unseren Augen in unterschiedlichen Versionen widerscheint. So wie sich uns die Realität darbietet, müssen wir sie als eine von vielen Möglichkeiten auffassen, als einen spezifischen Text, der sorgfältig aus der Gesamtheit aller möglichen Texte ausgewählt wurde. So können wir die Wirklichkeit auseinandernehmen und wieder neu zusammensetzen. In dieser Welt kann man entdecken, daß es keine scharfe Trennung zwischen einer These und dem Menschen gibt, der sie vorlegt, ebensowenig wie zwischen der Situation und dem momentanen Standort dieses Menschen.

Das nicht Gesagte wird gesagt, das nicht Getane ist getan, das nicht Gegebene ist eine Gegebenheit. So haben alle Wörter, Handlungen und Gegebenheiten ihre Schatten. Wer diese erkennt, reist gerade durch die Welt, in der die Dinge verborgen sind.

Weisheit – Die Welt, in der Verborgenes erkennbar ist

Besser ein ganzer Narr als nur ein halber Weiser.
Jiddische Redensart

Wenn wir jetzt die *Welt des Verborgenen* betreten, tauchen wir in eine Denkweise ein, die sich grundsätzlich von dem unterscheidet, das wir bislang untersucht haben. Die Welt der ersichtlichen Dinge – sei es die Welt, *in der Erkennbares erkennbar ist*, oder die *Welt, in der Erkennbares verborgen ist* – läßt sich fassen und begreifen. Wir erfahren von ihr über unser Bewußtsein. Es ist eine Welt eindeutiger und unterscheidbarer Formen, in der Licht und Klarheit den Menschen zur Erkenntnis verhelfen. Die Welt des Verborgenen ist nicht in diesem Maße ausdifferenziert. Ecken und Kanten gehen hier fließend ineinander über, auch wenn die Formen an sich noch nicht aufgelöst sind. Ein Umriß kann hier plötzlich zu einer ganz anderen Form gehören. Traumbildern gleich nehmen diese Formen Gestalt an, nur um sich dann wieder aufzulösen. Es ist die Welt des Unbewußten, in der Formfragmente vorübergehend greifbar werden, um sich dann gleich wieder zu verstecken. Hier scheinen Erinnerung und Vergessen ein und dasselbe zu sein. Es gibt keine Grenze zwischen Wissen und Nichtwissen, vielmehr verschmilzt beides und öffnet uns den Zugang zu Phänomenen, die kein Erkenntnisgefäß aufnehmen kann. So jedenfalls scheint es – doch ganz so ist es nicht.

Auch in diesen Welten funktioniert die Wahrnehmung noch, und deshalb gehören auch sie zum »Garten« des Denkens. Hier erworbenes Wissen ist von jener eigentümlichen Gewißheit geprägt, die ein Mensch erlangt, wenn er etwas nur wenige Augenblicke lang sehen konnte. Es handelt sich um ein Wissen, das aus Bildern gewonnen wird, die auf der Netzhaut und im Gehirn weiterleben, auch wenn der Gegenstand der Wahrnehmung schon längst wieder verschwunden ist.

Eine klassische Unterscheidung zwischen den Welten des Sichtbaren und denen des Verborgenen finden wir im Mythos. Hier steht die Erde für das Faßbare; aus der Sicht des Tierreichs will es scheinen, als seien auf Erden alle Dinge voneinander getrennt. Wer auf einen Berg steigt und über die Ebene blickt, kann dort alle Formen deutlich erkennen. Tiere, Bäume, Vögel, Felsen, Flüsse und die vielen anderen Dinge lassen sich alle klar auseinanderhalten. Das Auge erkennt und begreift die Formen. Für die verborgene Welt hingegen steht das Wasser, oder genauer gesagt das Meer. Wenn wir auf den Ozean hinausblicken, können wir die zahllosen Geschöpfe und Formen, die sich darin befinden, nicht erkennen. Wir sehen ein fließendes Ganzes, das aus unzähligen einzelnen Teilchen zusammengesetzt ist. Dessen verschiedene Formen lassen sich gar nicht ausmachen, ohne dabei automatisch auf das Ganze zu blicken. Außerdem können sie außerhalb ihres Mediums, das viel dichter ist als die Lufthülle der Erde, nicht überleben. Auf dem Land sind dagegen die Formen viel dichter als das Medium, in dem sie sich befinden.

Unser Blick in die Welt des Verborgenen wird durch die Schwierigkeiten getrübt, die wir haben, wenn wir dort eine Form von ihrem Medium trennen wollen. Es ist unmöglich, eine Form ohne ihr Medium, einen Text ohne seinen Kontext zu verstehen. Diese seltsame verborgene Welt birgt Geheimnisse, die vielleicht einmal kurz in der Welt der erkennbaren Dinge aufscheinen mögen, dabei aber niemals so konkret werden, daß wir ein Gefühl von Klarheit erlangen könnten.

Die charakteristischen Merkmale dieser verborgenen Welt lassen uns staunen: Auf ihrem Territorium können wir Unmögliches in den Griff bekommen; denn vieles, was uns in der Welt der faßbaren Dinge unmöglich erscheint, ist nichts weiter als eine Erscheinungsform des Verborgenen.

In der Geschichte des jüdischen Volkes findet sich ein Paradebeispiel für die Lösung eines unmöglichen Problems. In der Bibel lesen wir, daß die Israeliten Ägypten verließen, um der Sklaverei zu entfliehen. Sie waren noch nicht weit gekommen, als in ihrem Rükken das mächtige Heer des Pharaos auftauchte, der seine Entscheidung, sie freizulassen, widerrufen hatte. Sie saßen in der Falle zwischen zwei höchst konkreten (faßbaren) Mächten, die sie in die alte Welt der Gefangenschaft zurückbringen konnten – zwischen der stärksten Streitmacht der damals mächtigsten Kultur und dem konkretesten Hindernis für Erdbewohner, dem Meer. Es bot sich kein Ausweg mehr. Jetzt gab es nur noch eine Lösung, die auf dem Land, also dem Gebiet des Faßbaren, nicht durchführbar war. Denn die Israeliten mußten sich dem Meer zuwenden, um das flüssige Medium in einer nur als phantastisch zu bezeichnenden Durchquerung zu überwinden.

Wille und Entschlußkraft des Volkes hatten fast ihre Grenze erreicht, als sie begriffen, daß es auf dem Landweg der Logik und Vernunft keine Rettung mehr gab: Zwischen den Heerscharen und Streitwagen der Ägypter konnten sie nicht durchkommen. Also wandten sie sich dem Unmöglichen zu und stürzten sich ins Meer. Auf wundersame Weise teilten sich die Fluten, und die Israeliten schritten trockenen Fußes ins Meer: Eine wundersame Durchquerung wurde möglich.

Die Israeliten hatten sich in die verborgene Welt des fließenden Wissens gestürzt; sie waren in die Tiefen des Unbewußten vorgedrungen, hatten dort eine Furt entdeckt und erreichten auf ihr unversehrt die Ufer eines neuen Landes. Als die Ägypter es ihnen unbedacht gleichtun wollten – jedoch ohne das Bewußtsein, daß sie die Sphäre des Unmöglichen betraten, und ohne jedes Verständnis für die tieferen Gründe, die hinter dieser Durchquerung standen –, merkten sie, wie schnell man in der Formlosigkeit ertrinken kann. Die Israeliten konnten eine »Form« wahrnehmen, weil sie das Medium erkannten, das diese umschloß. Damit gerieten sie in einen Geisteszustand, der ihnen wieder festen Boden unter den Füßen gab. Die armen Ägypter hingegen, deren Auftrag keinen höheren Sinn und nichts von den inneren Vorgängen an sich hatte, die bei den Israeliten stattgefunden hatten, blieben stecken und gingen zugrunde. Die Fortbewegungsmittel, derer sie sich in dieser Welt bedienten – Streitwagen, Pferde und konkretes Denken –, waren für die Dimension, in die sie sich gewagt hatten, ungeeignet; diese wurde ihnen zur tödlichen Falle. Die Wasser schlugen über ihnen zusammen, raubten ihnen die scharfen Trennlinien, die es auf dem Land gibt, und verschlangen sie wie Formen des Mediums Meer. Die Israeliten aber feierten am anderen Ufer ihren Sieg über das Unmögliche; sie hatten entdeckt, welch hilfreiches Mittel die Verborgenheit des Meeres sein kann, um die Wirklichkeit zu verstehen und ihr gewachsen zu sein. Für sie wurden die Fluten zu Wassern der Erneuerung und Transzendenz.

Wenn wir uns der *Welt, in der Verborgenes erkennbar ist,* nähern – sie liegt teilweise im Reich des Verborgenen –, dringen wir, um es mit anderen Worten zu sagen, ins Gebiet der Intuition ein. Diese Welt zeigt uns Interpretationen der Wirklichkeit, die sich uns womöglich völlig klar offenbaren können, allerdings erst, nachdem wir gefährliche Sümpfe gestaltloser Formen druchquert haben. Wer diesen Vorgang von der Welt der äußeren Erscheinung aus beobachtet, kann ihm nicht folgen. Er mag vielleicht darüber staunen, was diese Methode im Reich der praktischen, konkreten Welt alles zu leisten vermag, verfügt jedoch nicht über die Werkzeuge, um sie zu verstehen.

Wie wir schon gesehen haben, besteht eine Möglichkeit, Probleme besonders effizient zu lösen, in der bewußten Konfrontation mit dem Nicht-Wissen. Was ist der Unterschied zwischen den beiden Schülern, die bei einer Mathematikklassenarbeit eine Eins bzw. eine Sechs bekommen? Wenn sie den gleichen IQ haben, liegt dieser enorme Unterschied zweifellos an ihrer unterschiedlichen Fähigkeit, sich im Bereich des Nicht-Wissens zurechtzufinden. Der Schüler, der eine Sechs bekam, nahm zwar Informationen auf, wie man eine konkrete Aufgabe entsprechend den Vorgaben des Lehrers löst, verstand aber nicht das Prinzip, das hinter dieser Lösung steckte. Die kleinste Veränderung in der Aufgabenstellung stellt einen solchen Schüler vor unlösbare Probleme. So unterscheiden sich Wissen (die *Welt, in der Erkennbares erkennbar ist*) und Verstehen (die *Welt, in der Erkennbares ver-*

borgen ist) in ihren unterschiedlich großen Anwendungsbereichen.

Im Reich der Weisheit (der *Welt, in der Verborgenes erkennbar ist*) genügt es nicht mehr, sich nur vor Augen zu führen, was man nicht weiß; hier muß man davon größeren Gebrauch machen als von dem, was man weiß. Bei einer Tagung über Intuition und Management hörte ich einen Redner sagen: »Wir benützen nur zehn Prozent unseres Gehirns; stellen Sie sich einmal vor, wir würden hundert Prozent benützen.« Ich erwiderte, das hätte katastrophale Auswirkungen auf unsere kognitive Leistungsfähigkeit; denn wir sind auf die Leere in unserem Geist angewiesen, damit dort wichtige Prozesse ablaufen können, die auf kreative Problemlösung hinauslaufen und somit geradezu lebensnotwendig sind.

Im wirklichen Leben wird es der Schüler, der eine Eins schaffte, als Erwachsener nicht unbedingt zu strahlendem Erfolg bringen, während der Sechserschüler durchaus ein erfolgreicher Geschäftsmann werden kann. Letzteres wird möglich, wenn es jemand schafft, von der Ebene des äußeren Erscheinungsbildes auf die Ebene des Verborgenen zu wechseln.

Ein Beispiel bietet der folgende jüdische Witz:

Während Mo ein miserabler Schüler war, war sein Vetter Danny Klassenprimus. Später aber wurde alles, was Mo anfaßte, zu Gold, während Danny es nicht weit brachte. Als Mo auch noch in der Lotterie ge-

wann, geriet Danny außer sich und stürmte zu seinem Vetter, um der Sache ein für allemal auf den Grund zu gehen: »Jetzt hast du auch noch in der Lotterie gewonnen! Diesmal mußt du mir aber verraten, wie du das gemacht hast.«
»Nun gut«, antwortete Mo, »wenn du es unbedingt wissen willst, kannst du es erfahren. In der Nacht, bevor ich mir das Los kaufte, hatte ich einen Traum. Ein Engelchor sang in lieblichen Tönen, sieben Reihen mit je acht Engeln. Da war mir alles klar. Am nächsten Morgen kaufte ich mir ein Los mit der Endziffer 63. Eigentlich eine Kleinigkeit.«
»Aber Mo, acht mal sieben ist doch nicht 63, sondern 56!«
»Ach, wirklich? Da sieht man mal wieder«, schloß Mo, »daß du in Mathematik einfach besser bist.«

Danny will alles über die Vernunft regeln; selbst der Intuition will er auf diesem Weg auf die Schliche kommen. Damit begreift er nicht, daß es im Leben Bereiche gibt, in denen die Lösung in der »Leere« liegt, wo Mo ihm trotz seiner Rechenschwäche überlegen ist.

Die Welt des Verborgenen ist zweifellos ein seltsames Terrain, auf dem das Absurde zum entscheidenden Bindeglied zwischen verschiedenen Arten von Logik wird, zwischen denen wir zunächst keine Verbindung ausmachen können. In dieser Welt, in der

Naivität und Torheit vollkommen überraschend einzelne Aspekte der Erkenntnis aufdecken können, bringt ein ganzer Narr bessere Voraussetzungen mit als ein halber Weiser. Dabei handelt es sich um Erkenntnisse, die wenig mit der Lösung von Problemen zu tun haben und sich oft daraus ergeben, daß man schlau genug ist, für jede Antwort schnell eine neue gute Frage zu stellen.

Es gibt keine Handbücher für diese Welt; die Welt der verborgenen Dinge wird zuerst erlebt und dann erst wahrgenommen.

Eine Frau kam zu Rabbi Israel, dem Maggid von Kosnitz, und weinte vor ihm: Ein Dutzend Jahre schon sei sie vermählt und habe noch keinen Sohn. »Was willst du tun?« fragte er. Sie wußte nichts zu antworten. »Meine Mutter«, erzählte nun der Maggid, »ist alt geworden, ohne ein Kind zu haben. Da hörte sie, daß der heilige Baalschem auf einer Reise in ihrer Stadt Apta weilte. Sie lief zu ihm in die Herberge und flehte ihn an, ihr einen Sohn zu erbeten. ›Was willst du tun?‹ fragte er. ›Mein Mann ist ein armer Buchbinder‹, antwortete sie, ›aber etwas Gutes habe ich doch, das will ich dem Rabbi geben.‹ Stracks lief sie heim und holte den sorgsam verwahrten guten Umhang, die ›Katinka‹ aus der Truhe ... Der Baalschem nahm die Katinka und hing sie an die Wand. ›Es ist gut‹, sagte er ... Im Jahr darauf wurde ich geboren.«

»Auch ich will«, rief die Frau, »Euch einen guten

Umhang von mir bringen, daß ich einen Sohn bekomme.«

»Das gilt nicht«, erwiderte der Maggid. »Du hast die Geschichte gehört. Meine Mutter hatte keine Geschichte gehört.« *

Das wahre Ziel findet seinen Pfeil

Wir befinden uns jetzt in einer Welt, in der es nur vielsagende Andeutungen gibt. Hier fragen wir uns nicht, wie etwas genau aussieht, sondern hier lassen wir unseren Assoziationen freien Lauf wie: »Das erinnert mich an etwas.« Bestimmte Themen, Dinge, Erzählungen oder Umgebungen scheinen uns auf andere zu verweisen, und so spinnen wir ein Netz an Formen, die alle umschlungen sind von einem ätherartigen Medium, einem breiten assoziativen Wahrnehmungsfeld. So wie »Berge« auf der Ebene der äußeren Erscheinung auf »große Mengen« verweisen können, könnten sie im Bereich des Flüchtigen ohne weiteres auch mal mit »Montagen« in Verbindung gebracht werden. Der Zusammenhang zwischen den Dingen liegt hier zwar nicht auf der Hand, ist aber in einen konkreten Erfahrungsschatz oder ein reichhaltiges Hintergrundwissen eingebettet. Am häufigsten

* Buber, S. 439f.

wird diese Welt in der Psychoanalyse untersucht und sogar manipuliert; die therapeutischen Erfolge führen die Wechselbeziehungen zwischen dieser Welt und der konkreten Realität eindrucksvoll vor Augen.

Doch wie geht man sinnvoll mit dieser Welt um; wie kann man sie als Denkfabrik nutzen?

Als erstes müssen wir lernen, daß wir in dieser Welt nur durch Umkehrung zur Erkenntnis gelangen. Das bedeutet, wir müssen unsere Antworten mit guten Fragen verknüpfen. Im Grunde hält jede Antwort eine ganze Palette an möglichen intelligenten Fragen bereit. Diese stellen dann ihrerseits einen reichhaltigen Fundus an klaren und nützlichen Gedanken dar. Die Antworten selbst bringen demgegenüber häufig keine Klarheit, und wer versucht, aus ihnen eine konkrete Aussage zu ziehen, läuft Gefahr, unterzugehen wie die Ägypter. Wenn man auf so etwas wie »Antworten« kommen will, die in der Welt der erkennbaren Dinge Bestand haben, muß man Fragen stellen zu den konturlosen Antworten der flüchtigen Welt.

Der folgende Witz illustriert das Prinzip der Umkehrung und was man damit anfangen kann:

Ein Jäger fand im Wald mehrere Zielscheiben, die auf Bäume aufgemalt waren. Beeindruckt stellte er fest, daß mitten im Schwarzen einer jeden Scheibe ein Pfeil steckte. Er wollte unbedingt wissen, wer dieser Meisterschütze sei. Nach einer längeren Suche fand er ihn und befragte ihn zu seinen tollen Taten:

»Was ist das Geheimnis dieser außerordentlichen Treffsicherheit? Wie erlangt man so eine Perfektion?«
»Ganz einfach«, erwiderte der Schütze, »zuerst schieße ich den Pfeil ab, und dann male ich die Zielscheibe.«

Durch Umkehrung trifft jeder Pfeil ins Schwarze. Natürlich beweist man damit nicht gerade seine Treffsicherheit, aber dennoch lernt so der Bogenschütze einiges über seine Kunst. Natürlich lernt er nicht zu treffen. Selbst wenn wir ganz rational vorgehen und behaupten, daß der Schütze beim nachträglichen Aufmalen der Scheibe erkennen kann, wie weit er danebengeschossen hat, bleiben wir damit doch immer noch in der Welt des Faßbaren, genauer gesagt, in der *Welt, in der Erkennbares verborgen ist* und in der man aus dem Nicht-Wissen lernen kann. Damit haben wir aber eben nicht die hier interessierende *Welt, in der Verborgenes erkennbar ist*, betreten. Was in der Welt der verborgenen Dinge geschieht, läßt sich nämlich nicht einfach in die Sprache der Welt der erkennbaren Dinge übersetzen. Vielmehr weist die Umkehrung – eine Zielscheibe, die eine andere aufdeckt – den Weg zur »Erkenntnis«. Oder anders gesagt: Die assoziations- und anspielungsreichen Antworten haben sich eine neue, passende Frage gesucht.

Um diese neue Frage geht es beispielsweise auch in der Psychoanalyse. Hier kommt die Erkenntnis genau aus der Wiederentdeckung dieser wahren (und doch für den Patienten neuen) Frage. Diese trifft wirklich ins Schwarze – im Gegensatz zu seiner ursprünglichen Frage, denn diese hat keine direkte Verbindung zu dem Ziel, das tatsächlich getroffen wurde.

In der *Welt, in der Verborgenes erkennbar ist*, ist das wahre Ziel dasjenige, das sich erst formiert, wenn der Pfeil bereits von der Sehne geschnellt ist. In einer anscheinend absurden Inversion sucht sich jetzt das Ziel den Pfeil, nicht umgekehrt. In der Welt des Unterbewußtseins ist es per definitionem belanglos, wo eine Frage herrührt. Dort existiert der Gedanke schon vor der Frage, und die Neugier kommt nach der Erkenntnis. So gesehen hat man es mit einem umgekehrten »Denkprozeß« zu tun.

Das Unglaubliche an der Welt der verborgenen Dinge ist, daß dort das Wissen (also die Antwort) vor der Frage kommt; denn diese Welt hat ihrer Natur nach mit dem Wesen zu tun. Deshalb hat die Antwort auch keinen Anteil an der Entstehung von Formen. Schon eher trifft dies auf die Frage zu. Sie stellt das Spezifische dar inmitten der Gesamtheit der möglichen Antworten (Zielscheiben). Die Antworten werden zum »Meer«, einem einheitlichen Ganzen, welches als Medium dient und sich nicht auseinandernehmen läßt.

Der Schütze, der in diesem Medium, das durch seine Dichte alles Spezifische verhüllt, ein Ziel erreichen will, darf sich keinesfalls auf seine Treffsicherheit verlassen. Jeder, der die Dinge unter Kontrolle hat, weiß, auf welche Ziele es ankommt, und macht sich natürlich über einen Jäger lustig, der seine Zielscheiben nach dem Schuß malt. Doch wer so etwas macht, sammelt Erfahrungen aus seiner Lebenspraxis, welche demjenigen nicht zugänglich sind, der alles unter Kontrolle hält. Gefangen in der Welt der Formen und der Logik, glaubt dieser, das nicht Beherrschbare und nicht im Laboratorium Herstellbare könne auch keine Erkenntnis stiften.

Wer die Zielscheiben hinterher malt, kann dort Zusammenhänge zwischen Ursache und Wirkung erkennen, wo die Ursache auf die Wirkung folgt. Genau das sagten die Rabbiner über eine sehr wichtige Ebene der Thora, die in deren Textstruktur eingebaut ist. Dieser Sinn für Gleichzeitigkeit zeigt, daß die Rabbiner viel mehr an Prozessen als an schnellen Antworten interessiert waren. Prozesse sind Antworten in einem dynamischen Zustand. Ihre Beweglichkeit läßt diese Antworten nur durch die neuen Fragen sichtbar werden. Die Zusammenhänge können jedoch nicht exakt hergeleitet werden; sie existieren nur als vage Anspielung.

Verschiedene Arten von Logik

Die intuitive Welt ist außerordentlich facettenreich. Als Adam und Eva die verbotene Frucht aßen, »da gingen ihnen die Augen auf« (Genesis 3,7). Der Religionsphilosoph Martin Buber meint, hier gehe es um genau diesen Aspekt der Verborgenheit: um die Widersprüchlichkeit und Vieldeutigkeit, die wir in allen Dingen antreffen können. »Erkenntnis von Gut und Böse« (Genesis 2,17) meint laut Buber kein Bewußtsein für moralische Kategorien, sondern für die grundlegenden Spannungsverhältnisse, in denen sich alles Geschaffene bewegt. Dieses Bewußtsein vom widersprüchlichen Wesen der Wirklichkeit sei schmerzhaft, und Gott habe es gut mit den Menschen gemeint und sie deshalb vor einer entsprechenden Erkenntnis schonen wollen. Doch seit Adam und Eva von diesem Apfel gegessen haben, sind die Menschen dazu verdammt, die inneren Widersprüche ihrer Umwelt wahrzunehmen.

Der folgende jüdische Witz bringt dies treffend zum Ausdruck:

Zwei Juden kamen zum Rabbi, damit er ihren Streit schlichte. Er saß an seinem Schreibtisch und seine Frau in einer Ecke desselben Zimmers. »Worum geht es denn?« fragte der Rabbi.

Der erste Kläger trug seinen Fall so überzeugend vor, daß der Rabbi umgehend befand: »Keine Frage, du *bist im Recht.« Dann wandte er sich dem zweiten zu: »Und was hat du dazu zu sagen?«*

Dieser argumentierte ebenso überzeugend wie der erste. Darauf urteilte der Rabbi: »Ich muß sagen, du *bist im Recht.«*

Jetzt mischte sich seine Frau ein: »Mein lieber Mann, mögest du hundertzwanzig Jahre als werden, aber wie um alles in der Welt sollen beide recht haben können?« Der Rabbi strich sich durch den Bart, dann kam er zu dem Schluß: »Du *hast natürlich auch recht!*«

Aus dem Blickwinkel der Welt, in der die Dinge erkennbar sind, sieht es so aus, als sei der Rabbi, der Hort der Weisheit, verrückt geworden. Richard Raskin vertritt die Auffassung, dieser Witz ließe sich im Rahmen dreier verschiedener Kategorien interpretieren: »Rollenfiasko«, »taktisches Manöver« oder »exemplarische Abweichung«.* Im ersten Fall könnte man sagen, der Rabbi führt uns eine »absurde« Art von Erkenntnis vor; wir hätten es dann mit einer Karikatur zu tun. Aus der zweiten Perspektive (der des »taktischen Manövers«), gibt uns der weise Rabbi zwar keine Antwort; er hat dafür aber einen Konflikt vermieden – das betrifft nicht nur seine Frau, sondern auch die beiden Beschwerdeführer. Betrachten wir die Angelegenheit aus der dritten Perspektive, bringt uns der Rabbi ganz bewußt zu der Erkenntnis, daß die Normen der Logik einfach nicht ausreichen, um alles, was menschenmöglich ist, zu erfassen.

Hinter diesen drei Möglichkeiten kann man drei

* Richard Raskin, Life Is Like a Glass of Tea. Studies of Classic Jewish Jokes. Oakville, Connecticut 1992.

verschiedene Welten sehen. Aus der Perspektive der *Welt, in der Erkennbares erkennbar ist*, ist die Reaktion des Rabbis ein »Rollenfiasko«: Zwei Menschen bringen ihren Streitfall vor den Rabbi und erhalten eine Antwort, die beide verärgern muß. Aus dem Blickwinkel der *Welt, in der Erkennbares verborgen ist*, sieht es aus, als verfolge der Rabbi vornehmlich seine eigenen Interessen. Er stellt die Angelegenheit in einen ganz anderen Kontext: Eigentlich sollte er einen Konflikt durch seine Entscheidung beenden; er aber möchte in erster Linie seine eigene Haut retten und verhält sich deshalb allen Parteien gegenüber diplomatisch. Die dritte Variante führt uns in die *Welt, in der Verborgenes erkennbar ist*: Hier will der Rabbi ganz ohne Zweifel für die Möglichkeit plädieren, daß alle drei recht haben können. Damit will er jener Erkenntnis Vorschub leisten, die aus der Vieldeutigkeit und den verschiedenen Arten von Logik entsteht – ein Lehrstück, das die noch relativ klare Seite des Verborgenen exemplarisch aufzeigt.

Mehrere wissenschaftliche Disziplinen haben jüngst neue Reaktionstheorien entwickelt – Ergebnisse der Versuche, die Wirklichkeit in taugliche Modelle zu fassen. Nach einer dieser Theorien kann man auf verschiedene Weise »recht haben«.* Wenn man in der Lage ist, verschiedene »Richtigkeiten« festzustellen, hat

* Raskin, S. 30.

man für den Erkenntnisfortschritt ein wertvolles neues Werkzeug in der Hand. Raskin erläutert diese Methode mit Hilfe von Vexierbildern wie dem »Rubinschen Becher« (Abb. 1), dem »Schuster-Dreizack« (Abb. 2) und dem »Neckerschen Würfel« (Abb. 3).

Abbildung 1: Rubinscher Becher

Abbildung 2: Schuster-Dreizack

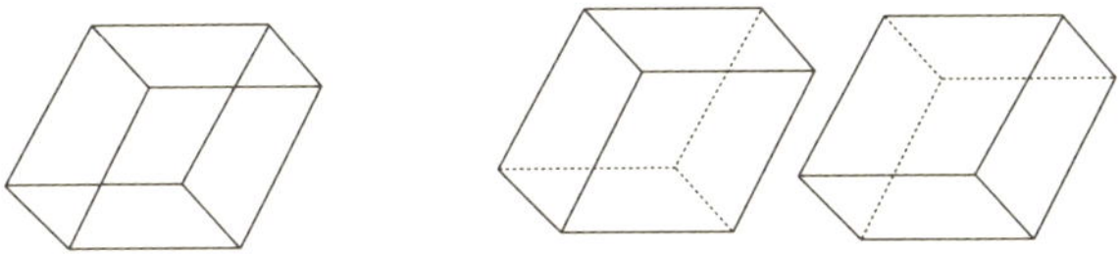

Abbildung 3: Neckerscher Würfel

Die Umkehrbarkeit dieser Bilder vermittelt einen Eindruck von der *Welt, in der Verborgenes erkennbar ist,* denn sie läßt Formen entstehen, die sofort wieder verschwinden. Die Suche nach Lösungen ähnelt diesem Effekt. Manche Gegenstände der Erkenntnis lassen sich nur begreifen, wenn sie ihre umgekehrte Form annehmen. Hier gibt es also eine Form, jedoch nur innerhalb ihres Mediums, das veranlaßt, daß sie ständig mit einer anderen Form wechselt. Beide hängen voneinander ab, aber sie definieren einander nicht, wie das in der Welt der erkennbaren Dinge der Fall ist. Auch hier ist das Verborgene dynamisch und läßt sich nicht wie etwas Statisches fassen. Es reagiert in einer ständigen Bewegung und verbindet sich dabei mit immer anderen Fragen.

Der Zugriff auf die intuitive Welt

Viele von uns wünschen, sie könnten mit einer gewissen Art von Information umgehen, die sich uns in einer zufälligen, unlogischen oder subtilen Erscheinungsform zeigt. Jeder kennt beispielsweise die Frustration, die sich immer wieder einstellt, wenn wir versuchen, das in Worte zu fassen, was wir in einem Traum empfunden haben. Wir können es drehen und wenden, wie wir wollen: Vieles, worauf wir im Traum gekommen sind, sind Einsichten ohne handelndes

Subjekt und klar definiertes Ich; wenn wir diese dann in der Welt der Sprache und Begriffe ausdrücken wollen, erscheinen sie plötzlich verschwommen und unverständlich. Wie wir bereits gesehen haben, entsteht diese Unklarheit aus unserem Bestreben, einzelne Aspekte des Geträumten herauszugreifen. Wir übergehen dabei den Hintergrund, das Medium, an das diese Einzelheiten gebunden waren; so werden wir der Wirklichkeit des Traumes nicht gerecht.

Ab und zu meldet sich jedoch die Intuition ausdrücklich in der Welt der erkennbaren Dingc zu Wort. Dann sickert vielleicht eine Vorahnung aus der Welt der verborgenen Dinge zu uns durch, und wir können dieses Wissen nutzen, als wäre es aus der erkennbaren Welt. Bei einer Vorahnung scheint ein Element aus dem Ursache-Wirkungs-Verhältnis der objektiven Logik herauszubrechen und unmittelbar Gestalt anzunehmen. Dieser Vorgang will uns deshalb wie ein Herausbrechen erscheinen, weil hier eine Form nicht wie üblich über andere Formen identifiziert wird, sondern über ein Medium, aus dem der intuitive Mensch diese irgendwie herausholt.

Wenn wir aktiv auf die Welt der verborgenen Dinge zugreifen wollen, müssen wir zunächst die Beziehung zwischen dem Erkennbaren und dem Verborgenen genauer herausarbeiten.

Rabbi Naftali aus Ropschitz erhielt Besuch vom Rabbi aus Kozwitz. Als dieser das Haus betrat, blickte

er versonnen auf ein Fenster, dessen Vorhänge zugezogen waren. Der Gastgeber wollte wissen, was ihn daran so sehr interessiere. »Wenn du willst, daß die Leute hereinschauen können«, meinte der Besucher, »wozu dann die Vorhänge? Und wenn du das nicht willst, wozu dann das Fenster?«
Rabbi Naftali erwiderte: »Wenn ich will, daß jemand, den ich sehr liebe, durch das Fenster hereinschaut, ziehe ich die Vorhänge auf.«

Die besondere Bedeutung dieses Dialogs liegt in seinen interessanten Bildern. Ein Fenster mit Vorhängen erlaubt es, daß eine Beziehung sowohl offen als auch verdeckt zum Ausdruck kommen kann. Ein Haus ist ein klar umgrenzter Raum, der Ort des Bewußtseins. Das »Draußen« ist das weite Feld des Unbekannten; es ist ein Ganzes, das unzählige, nicht unterscheidbare Formen in sich vereint. Die Vorstellung des Gastes, daß ein Fenster mit verschlossenen Vorhängen eine in sich widersprüchliche Sache sei, rührt von der etwas verwirrenden Tatsache her, daß ein Verhältnis mit ein und demselben Mittel verdeckt und aufgedeckt wird. Wenn es in der Bibel heißt, es sei bitter, Augen zu haben, die nichts sehen, und Ohren, die nichts hören, verweist das auf denselben Effekt, den ein Fenster mit geschlossenen Vorhängen hat. Was in der Welt der erkennbaren Dinge ein geeignetes Mittel der Erkenntnis ist, erweist sich zugleich als eine Schranke, die einem den Zugang zur Welt der verborgenen Dinge verwehrt. Je mehr man versucht, etwas zu sehen, um so weniger kann man erkennen, und je angestrengter man horcht, um so weniger kann man hören. Der Zugriff auf die Welt der verborgenen Dinge kann nicht gelingen, wenn man das Erkennbare beobachtet, denn dadurch versperrt man sich den Weg zu den verborgenen Dingen.

Mit seiner Antwort – »Wenn ich will, daß jemand, den ich sehr liebe, durch das Fenster hereinschaut, ziehe ich die Vorhänge auf« – nimmt sich Rabbi Naftali eine Art des Zugriffs heraus. Was heißt »jemand, den ich sehr liebe«? Vielleicht bezieht es sich auf einen intensiven, nicht rationalen Wunsch, bei dem es um Wahrnehmungen geht, die für Sinnesorgane zu fein sind. Die Bibelstelle (Deuteronomium 6,4–6), in der sich Gott höchst eloquent an die Menschen wendet und in der das Verborgene (das Wesen) darauf gerichtet ist, das Faßbare (die Form) zu offenbaren, lautet:

Höre, Israel [differenzierte Welt]! Jahwe, unser Gott [dein Wesen], Jahwe [dein Medium] ist einzig [undifferenziert]. Darum sollst du den Herrn, deinen Gott [dein Wesen], lieben mit ganzem Herzen, mit ganzer Seele und mit ganzer Kraft. Diese Worte, auf die ich dich heute verpflichte, sollen auf deinem Herzen geschrieben stehen.

Die Liebe zum Wesen öffnet uns Fenster, damit wir nicht die Verbindungsmöglichkeiten zu solchen Dingen übersehen, die sich ausschließlich mit Hilfe jenes Instruments erkennen lassen, das wir »Liebe« nennen. Aber warum sollen wir überhaupt in der Lage sein, den Vorhang zu öffnen? Damit das, was uns vom Reich der verborgenen Dinge übermittelt wird, auch unsere Herzen erreicht. Das, was durch das Fenster kommt, nimmt nämlich nicht über unsere Sinne Gestalt an. Das geschieht nur, wenn etwas so lange unser Herz umkreist, bis es – aus Gründen, die wir nicht kennen – als Erkenntnis in dieses eindringt. Wenn sich der Vorhang um unser Herz hebt oder die Mauern fallen (das ist die Wirkung der Liebe), werden ursprünglich verborgene Dinge sichtbar; das sind Erkenntnisse, zu denen man mit den Mitteln des Verstandes nicht gelangen kann.

Wie können wir auf diese intuitive Welt zugreifen? Indem wir erst einmal überhaupt nicht zugreifen, sondern in aller Ruhe Antworten aufkommen lassen, damit sich diese dann eine geeignete Frage herausgreifen können. Wenn wir diese intuitiven Antworten annehmen und sie unser Herz umkreisen lassen, schaffen wir die Voraussetzung, daß eine passende Frage schließlich eine der kreisenden Antworten findet. In diesem Moment nimmt etwas in der Welt der erkennbaren Dinge Gestalt an, dessen Herkunft für andere mysteriös sein wird. Sie werden sich fragen:

»Was war eigentlich die Frage, die diese Antwort möglich gemacht hat?« Und sie werden es nie herausfinden. Denn sie wissen nicht, daß diese Erkenntnis aus einem Vorgang stammt, in dem nicht auf eine Frage geantwortet wurde, sondern in dem sich eine Antwort eine passende Frage eingefangen hat.

Deshalb muß man die Gedanken loslassen statt festhalten, wenn man einen Zugang zum Unviersum der Intuition bekommen will. Hören wir dazu die folgende chassidische Erzählung:

Ein Mann in Rabbi Sussjas Stadt sah, daß dieser sehr arm war, und legte ihm jeden Tag im Bethaus einen Zwanziger in den Tefillinbeutel, damit er sein und der Seinen Leben zu fristen vermöchte. Seither wuchs der Wohlstand des Mannes von Mal zu Mal. Je mehr er besaß, um so mehr gab er an Rabbi Sussja, und je mehr er ihm gab, um so mehr besaß er.

Einmal besann er sich aber, daß Rabbi Sussja ein Jünger des großen Maggids war, und es geriet ihm in den Sinn: wenn schon die Gabe an den Schüler so vielfältig gelohnt werde, welch ein Reichtum würde über ihn kommen, wenn er den Meister selbst beschenkte. So fuhr er nach Mesritsch und erwirkte von Rabbi Bär mit vielen Bitten, daß er eine ansehnliche Gabe von ihm annahm. Von diesem Augenblick an schwand sein Wohlstand, bis aller Gewinn der gesegneten Zeit dahin war. Da kam er in seiner Betrübnis zu Rabbi Sussja, erzählte ihm alles und befragte ihn, was dies

sei: habe doch er selbst ihm gesagt, daß der Meister unermeßbar größer sei als er.
Rabbi Sussja antwortete ihm: »Sieh, solang du gabst und nicht hinsahst, wem du gibst, sondern Rabbi Sussja war dir recht oder ein andrer, so lange gab auch Gott dir und sah nicht hin. Als du aber begannst, dir edle und auserlesne Empfänger zu suchen, tat Gott desgleichen.« *

Diese Geschichte lehrt uns, daß der Mann in dem Augenblick, als er einen rationalen Bezug herstellte – »der eine ist wichtiger als der andere« –, einen Vorgang ganz anderer Natur abbrach. Genau wie sich in unserem Organismus das parasympathische Nervensystem nicht bewußt steuern läßt, gibt es auch einen mentalen Bereich – die vegetative Wahrnehmung –, den man im wörtlichen Sinn dem »Pflanzlichen« zuschreiben kann. Dieser unterscheidet sich grundsätzlich von unserem »animalischen« Verstandesgebrauch, bei dem wir bestrebt sind, eine Information zu unterwerfen, damit wir sie verstehen können. Das Pflanzenreich ist im Gegensatz zum Tierreich eher Medium als differenzierte Form. In seinem Medium – Wäldern, Wiesen und Auen – lassen sich Unterschiede viel schwerer ausmachen als im Tierreich. Der Wald ist zwar genau wie das Meer ein Medium voller Formen,

* Buber, S. 377f.

doch die »Dichte« – der Abstand zwischen Medium und Art (Form) – ist hier viel geringer. So gesehen entspricht der animalische Bereich eher der Welt der Vernunft und der vegetative eher der Welt der Intuition.

In diesem Zusammenhang verdient ein scheinbar geringfügiges Detail unsere Aufmerksamkeit – eine verbale Unterscheidung, die wir ganz automatisch vornehmen. Wenn wir jemanden, der »nicht ganz bei Sinnen« ist, zur Vernunft bringen wollen, benützen wir das Verb sehen. »Sieh mal« ist ein Aufruf zur Logik und Vernunft. Doch wenn Gott sagt: »Höre, Israel (Form)!«, ruft Er uns in die Welt des Verborgenen. Deshalb heißt es ja auch, man solle »auf sein Herz hören«. Wir fordern unser Herz nicht auf zu »sehen«, und wir sagen auch nicht, wir hätten auf unser Bewußtsein »gehört«. Im Reich des Verborgenen liegt etwas, dem wir nur durch »Hören« näherkommen können, nicht aber durch »Sehen«.

Vor allem sollten wir uns klarmachen, daß wir in unsere intuitiven Prozesse tatsächlich eingreifen, sie legitimieren und sogar fördern können. Wir können auf sie allerdings nicht in der Art einwirken, wie uns das von dem Reich des Faßbaren her vertraut ist. Die obige Erzählung veranschaulicht das in aller Deutlichkeit, und wir sollten diese Lektion beherzigen. Unser Mann wollte seine Beziehung zum Verborgenen durch einen bewußten Akt – eine zielgerichtete Entscheidung – steuern und geriet dabei in die Welt der verborgenen Dinge. Dort aber erhellt die Logik nicht, dort löscht sie vielmehr aus. Der Wunsch, einer verborgenen Realität mit Logik beizukommen (»Wenn schon meine milden Gaben an Rabbi Sussja dieses Ergebnis zeitigen, müßte eine Gabe an einen Mächtigeren eigentlich zu noch besseren Ergebnissen führen«), verhindert jetzt den Zugriff auf die intuitive Welt, der zuvor bereits funktioniert hatte. Anders gesagt, unser Mann wollte »Form« in die Beziehung bringen und fand sich dann schlicht und ergreifend in der Dimension der »Formen« gefangen. Er hatte ein »Medium« wahrgenommen (»Er ist arm; ich muß ihm helfen«) und versuchte, dieses in eine Form einzupassen; er mußte aber feststellen, daß er es jetzt nur noch mit »Formen« zu tun hatte und die Verbindung zur verborgenen Welt verloren hatte.

Auf absurden Wegen zur Erkenntnis

Der jiddische Schriftsteller Scholem Aleichem erfand in seinen Erzählungen ein Dorf namens Chelm, das in der jüdischen Folklore legendär wurde. Diesem Dorf widerfuhr ein höchst bedauerliches Mißgeschick. Der Storch, der die Seelen auf der Welt verteilt, setzt in jeder Gegend stets eine bestimmte Anzahl weiser als auch törichter Seelen ab. Über Chelm jedoch schüttete er aus Versehen einen ganzen Sack mit lauter törichten Seelen aus. Es blieb den Leuten im Dorf nichts anderes übrig, als ihre Führer unter diesen Seelen auszuwählen – auch die weisen Rabbis. Seither ist Chelm als Ort der Narren weithin berühmt. Andererseits stammen aus diesem Laboratorium des Unlogischen aber auch große Lehren, die sich über die ganze Welt verbreitet haben.

Schauen wir uns in Chelm ein wenig um. Der Rabbi des Dorfes wird uns führen. Hören wir uns zunächst ein paar Fragen an, welche die Einwohner ihrem Weisen vorlegen, und auch gleich seine prägnanten Antworten:

Ein Mann aus Chelm fragte: »Warum schmeckt das Meer nach Salz?«

»Klare Sache«, antwortete der Rabbi ohne Zögern, »weil es voller Heringe ist.«

»Und warum kriegt ein Mann früher graue Haare als einen grauen Bart?«

»Das liegt doch auf der Hand! Die Haare sind mindestens dreizehn Jahre älter als der Bart«, sagte der Rabbi und kratzte sich an demselben.

»Und warum wedelt der Hund mit dem Schwanz?«

»Das ist nun wirklich kinderleicht«, grinste der Rabbi. »Weil der Schwanz leichter ist als der Hund. Wenn es umgekehrt wäre, würde der Schwanz mit dem Hund wackeln.«

Hier ein weiteres Beispiel für raffinierte Chelmer Logik:

Zwei Männer aus Chelm gingen spazieren. Der eine nahm seinen Regenschirm mit, der andere nicht. Nach einer Weile fing es an zu regnen.

»Mach deinen Schrim auf«, sagte der Mann, der keinen dabeihatte.

»Das nützt nichts«, erwiderte der andere.

»Was soll das heißen, das nützt nichts? Der Schirm schützt uns vor dem Regen.«

»Der Schirm ist löchrig wie ein Sieb.«

»Warum hast du ihn dann mitgenommen?« fragte der erste perplex.

»Ich habe gedacht, es würde nicht regnen.«

Soll man diese Leute überhaupt ernst nehmen? Wäre Chelm nicht einfach nur eine Erfindung der jüdischen Folklore, sondern ein realer Ort, so wäre dieser zweifellos ein Tummelplatz aller möglichen Wissenschaftler. Semiotiker, Logiker, Psychoanalytiker und vermutlich auch Parapsychologen würden die verborgene Welt untersuchen, die uns die Narren nahebringen können. Denn diese leben in einem dichten Medium – wie Fische im Wasser. Es handelt sich um eine Welt von Formen, die, kaum entstanden, sofort wieder in ihrer Umgebung aufgehen. Blicken wir nun auf einige schöne Beispiele, wie die Narren in diesem ominösen Dorf zu Abgesandten eines Wissens werden, das für andere äußerst schwer zu erlangen ist:

Man kann die Fragen, die dieser verborgenen Sphäre zu entnehmen sind, nach den folgenden drei Kriterien einteilen: 1) Umkehrung; 2) Formen, die sich bei der Berührung mit einem Medium in dieses auflösen, weil es erkennbarer ist als die Formen selbst; und 3) die Tendenz zur Verschmelzung von Innerem und Äußerem.

Umkehrung ist ein Element von allen oben genannten Chelmereien. Jedesmal wenn dem Rabbi eine Frage vorgelegt wird, definiert dieser eine neue Frage, die man aus seiner Antwort auf die ursprüngliche Frage ableiten muß. Die Heringe machen das Meer salzig: Natürlich – wenn die eigene enge Perspektive zum Maß für Ursache und Wirkung gemacht wird. Wer das aus der Welt der erkennbaren Dinge beobachtet, muß sich einfach über den Narren lustig machen. Doch hier gibt es ein Problem, wie wir noch sehen werden. Denn der Narr kann mit seinen Dummheiten eine Wirkung erzielen, die dem Rationalisten die Sprache verschlägt: Er wirft immer wieder neue grundsätzliche Fragen auf und läßt damit eine platte Neugier einfach links liegen.

Wenn eine Frage allzu grundsätzlich daherkommt, kehrt der törichte Rabbi von Chelm einfach ihr Innerstes nach außen und verwandelt sie in eine Antwort, die nach einer ganz anderen Frage logischer Natur verlangt. Die Frage »Warum wedelt der Hund mit dem Schwanz?« entlockt dem Rabbi eine Antwort, wie man sie erwarten würde, wenn man gerade über ein Problem der Trägheitsphysik diskutieren würde. Einen Narren kann man eben nicht zum Narren halten. Wie gut wir auch immer die reine Neugier tarnen mögen, die hinter vielen unserer Fragen steckt, der Narr wird ihnen immer die Kleider vom Leib reißen, indem er sie in Absurditäten verwandelt – und diese Absurditäten bringen grundsätzliche Perspektiven zum Vorschein, die uns bis dahin verborgen blieben. Das Entscheidende dabei ist folgendes: Wenn der Narr die Frage falsch versteht und dadurch verändert, kommt er auf eine Antwort, die man ohne ihren absurden Aspekt gar nicht richtig verstehen könnte. Kurz, die Absurdität offenbart mehr über die Welt der verborgenen Dinge als jede Art von Rationalität.

Auch im zweiten Fall – wenn das Medium leichter zu erkennen ist als die Form – spielt das Absurde eine zentrale Rolle.

Zwei Männer aus Chelm erörterten die Frage, ob der Mond oder die Sonne wichtiger sei.

Der erste meinte, die Sonne sei wichtiger, weil sie größer und heller ist als der Mond.

Der zweite hielt ihm entgegen: »Da täuschst du dich aber gewaltig. Der Mond ist wichtiger. Ohne das Mondlicht wäre es nachts so dunkel, daß man nicht mehr die Hand vor Augen sehen könnte. Aber am Tag, wenn die Sonne scheint, ist es sowieso hell.«

Hier geht die Logik im Medium unter – im Licht. Die Frage an sich löst sich auf, weil eine absurde Antwort die existentielle Bedeutung eines Himmelskörpers verdeutlicht. Für die Menschen ist der Mond »offensichtlich« wichtiger, weil er ihnen genau dann gute Dienste leistet, wenn sie sich fürchten – also in der Nacht. Aus dieser Sicht bringt die Sonne wenig. Denn sie scheint ja nur bei Tag, doch da haben wir ja wegen der Helligkeit weniger Angst. Das Medium – die Angst, die uns mächtig zusetzt – tritt gegenüber unseren logischen Erwartungen viel deutlicher hervor. Ein Witz, den man einfach als absurd abtun könnte, verrät uns also bei genauerer Betrachtung einiges darüber, was sich in unserem Inneren tatsächlich immer wieder abspielt.

Der dritte Fall – die Verschmelzung von innen und außen – läßt sich mit der folgenden Geschichte aus Chelm illustrieren:

Es war Winter. Ethel und ihr Mann Samuel lagen im Bett. Ein Fenster war nicht ganz geschlossen, und der eisige Wind drang durch den Spalt herein. Ethel fröstelte. Ihr Mann lag schnarchend neben ihr und merkte nichts.

Nach einer Weile hielt es Ethel nicht mehr aus. Sie schüttelte ihren Mann und klagte: »Samuel, es ist so kalt draußen. Geh doch und mach das Fenster zu!«

Aber Samuel rührte sich nicht von der Stelle. Jetzt rüttelte Ethel ihren Mann wach: »Da draußen ist es wirklich wahnsinnig kalt. Steh endlich auf und mach das Fenster zu!«

Nun war Samuel hellwach – und wütend: »Ja glaubst du denn im Ernst, es wird draußen auch nur einen Deut wärmer, wenn ich das Fenster zumache?«

Wieder einmal bringt eine absurde Antwort das eigentliche Thema zur Sprache: »Verdammt noch mal, kann man denn hier keine einzige Nacht ruhig schlafen?« Samuels Antwort liegt zwar jenseits aller Logik, enttarnt aber die verborgene Ebene hinter Ethels Worten (»Es ist so kalt draußen«). Samuel versucht nun, das eigentliche Problem zu lösen, indem er seiner Frau den gesunden Menschenverstand abspricht. Das hat nichts mit der Frage zu tun, ob es draußen kalt oder warm ist, sondern damit, ob es richtig ist, den armen Samuel um diese Zeit zu wecken.

Absurdes kann nur dann zur Erkenntnis beitragen, wenn es uns gelingt, das Medium in den Blick zu nehmen und nicht irgendwelche Formen, die darin entstehen.

Nichts bringt dann bestimmte Bewußtseinszustände besser zum Vorschein. Dazu eine weitere einschlägige Geschichte:

Einen Mann aus Chelm plagte die Neugier nach dem Leben in der großen Stadt. Schließlich nahm er seinen ganzen Mut zusammen und beschloß, seine Familie zu verlassen. Er machte sich auf den Weg und verbrachte die erste Nacht in einer Pension. Vor dem Schlafengehen stellte er seine Schuhe so auf den Boden, daß die Spitzen in die Richtung zeigten, in die er am nächsten Morgen weiterwandern wollte. Der Gastwirt aber spielte dem dummen Bauern einen Streich: Während dieser schlief, drehte er die Schuhe um, daß sie jetzt in die Richtung zeigten, aus der der Bauer gekommen war.

Als dieser am Morgen erwachte, orientierte er sich an seinen Schuhen, zog sie an und machte sich auf den Weg in die »große Stadt«. Zu seiner Überraschung war sie dann gar nicht so groß, wie er gedacht hatte. Sie sah sogar seinem Heimatdorf zum Verwechseln ähnlich. Wirklich staunen mußte er aber, als er dort sogar eine Straße fand, die genauso aussah wie seine, dann ein Haus ganz wie das seine und schließlich sogar eine Familie, die sich in nichts von der unterschied, die er verlassen hatte. Er lebte sich so gut ein, daß er nun den Rest seines Lebens in der großen Stadt verbrachte.

Der Mann hat eine Gabe, *nicht* aufzuwachen und von seiner Reise unter keinen Umständen abzulassen. So findet er schließlich seinen richtigen Platz im Leben. Die große Stadt existiert im Hier und Jetzt. Die Logik, die hinter einem Schicksal steht, das vom Umdrehen zweier Schuhe abhängt, und die Logik, die hinter einer Zielscheibe steht, die erst nach dem Schuß gemalt wird, lehren uns viel über die Dinge, die uns das Leben bieten kann. Indem er seinen Traum verwirklicht, findet der Mann aus Chelm die große Stadt in einem ganz umfassenden Sinn, und das Leben bereitet ihm ein angenehmes Schicksal. All das verdankt er seiner Fähigkeit, mit dem Verborgenen umzugehen und das Medium zu verstehen, in dem die Form – in diesem Fall seine Reise – aufging.

Die Kraft der Dummheit

In der *Welt, in der Verborgenes erkennbar ist*, stehen die Menschen auf verlorenem Posten, die nicht ganz dumm, aber auch nicht ganz weise sind. Ihre Hilflosigkeit angesichts des Verborgenen ist so eklatant, daß sie zumeist nur Sarkasmus ernten. So stellte beispielsweise Berthold Auerbach einmal fest: »Manche kluge Menschen kann man mit einem schicken Lädchen vergleichen: Das ganze Sortiment liegt im Schaufenster.« Und von Moritz Saphir, einem Humoristen des 19. Jahrhunderts, stammt der Satz: »Kluge Menschen sind wie duftende Rosen; an einer einzelnen riechen ist wunderbar, aber von einem ganzen Strauß kriegt man leicht Kopfweh.« Solche Menschen verstehen sich nur auf Probleme, die im Bereich der konkreten Logik liegen. Einer Welt hingegen, in der die Dinge verborgen sind, sind sie nicht gewachsen; hier können nur ganz weise oder vollkommen dumme Menschen überleben. Da es erstere nur ganz selten gibt, letztere hingegen in Hülle und Fülle, hat der Narr bei der Enthüllung verborgener Geheimnisse eine geradezu mythische Position erlangt.

Hierzu eine aufschlußreiche Anekdote:

Der Legende zufolge beschloß ein Papst des Mittelalters, alle Juden aus Rom zu verbannen. Die Juden bekamen es mit der Angst zu tun, denn auf dem Lande außerhalb der Stadtmauern herrschten die finsteren Gebräuche jener Zeit. Die Juden baten den Papst daher inständig, bleiben zu dürfen.

Dieser hörte sich ihre flehentlichen Bitten an und war bereit, ihnen eine letzte Chance zu geben. Doch er stellte eine höchst seltsame Bedingung: Das Schicksal der Juden sollte bei einem – als reine Pantomime zu führenden – Streitgespräch zwischen einem päpstlichen Nuntio und einem beliebigen Juden entschieden werden. Sollte der Jude gewinnen, könne sein Volk in Rom bleiben. Andernfalls würden die Juden vertrieben.

Die Spielregeln gefielen den Juden gar nicht: Der Papst selbst sollte das Urteil fällen, und der Verlierer sollte hingerichtet werden. Da hatte man doch nicht die geringste Chance! Diese Rolle konnte keiner in der jüdischen Gemeinde übernehmen.

Doch der Diener, der die Synagoge kehrte, meldete

sich freiwillig. Alle wußten, daß das sein sicheres Ende bedeutete. Aber hatten sie denn eine Wahl? Es war unmöglich, ihn vor dem Tod und die jüdische Gemeinde vor dem Exil zu bewahren. Und die Gelehrten unter den Juden sahen sich außerstande, den Synagogendiener irgendwie auf die Disputation vorzubereiten.

Am Tag des Streitgesprächs war die Arena bis auf den letzten Platz gefüllt. Es herrschte atemlose Stille.

Der Nuntio fing an. Er hob einen Finger und beschrieb einen großen Bogen am Himmel. Der Synagogendiener zeigte sofort auf die Erde. Der Papst winkte nervös.

Dann streckte der Nuntio wieder einen Finger aus und zeigte dem Synagogendiener direkt ins Gesicht. Ohne jedes Zögern zeigte der Synagogendiener mit drei Fingern auf den Nuntio. Dem Papst war jetzt offensichtlich höchst unbehaglich.

Nun griff der Nuntio in die Tasche, holte einen Apfel hervor und zeigte ihn dem Papst. Daraufhin holte der Straßenkehrer eine Tüte aus der Tasche und zog ein Stück Mazzebrot heraus.

Der Papst erklärte das Streitgespräch für beendet. Der Jude habe gewonnen; die Juden könnten in der Stadt bleiben.

»Euer Heiligkeit«, riefen die Kirchenfürsten, als sich die Menge verlaufen hatte, »warum habt Ihr dem Juden den Sieg zugesprochen?«

»Der Mann«, erwiderte der Papst, »ist ein Meister des Disputs. Als mein Nuntio mit der Hand im großen Bogen über den Himmel fuhr, um zu zeigen, daß Gott der Herr der Welt ist, zeigte der Jude nach unten, um zu zeigen, daß auch der Teufel über sein eigenes Reich herrscht.

Als mein Nuntio einen Finger hob, um zu zeigen, daß es nur einen Gott gibt, hob der Jude sofort drei Finger, um auf den dreieinigen Gott, die Heilige Dreifaltigkeit, zu verweisen.

Als mein Nuntio einen Apfel hervorholte, um die Irrlehre der Wissenschaft, die Erde sei rund, anzuprangern, hielt ihm der Jude eine Scheibe Mazzebrot entgegen, um zu zeigen, daß die Bibel lehrt, daß die Erde eine Scheibe ist.«

Freudestrahlend und begeistert feierten die Juden zur selben Zeit ihren Synagogendiener und bewirteten ihn. Dann wollten sie von ihm wissen, wie er es geschafft hatte, den Nuntio zu übertreffen.

»Da gibt's nicht viel zu sagen«, meinte der. »Erst hat der Priester herumgefuchtelt, als ob er sagen wollte: ›Die Juden müssen raus aus Rom.‹ Da habe ich auf die Erde gezeigt und ihm gesagt: ›Denkste. Wir bleiben hier!‹

Dann zeigte er mit dem Finger auf mich, als wollte er sagen: ›Du kannst mich mal. Raus mit den Juden!‹ Also zeig ich mit drei Fingern auf ihn: ›Und du kannst mich dreimal. Die Juden bleiben!‹«

»Und dann?« fragte die staunende Gemeinde.

»Dann hat er seine Brotzeit rausgeholt und ich meine.« *

Der Narr, blöde wie er ist, macht das Unmögliche möglich. Er reduziert die Vorstellung, etwas sei *unmöglich*, auf die Gehaltlosigkeit partiellen Wissens und halber Weisheit und zeigt damit, daß eben diese Vorstellung in Wirklichkeit unvernünftig ist. Ein Weiser hätte nicht die geringste Chance, den Disput zu gewinnen. Wohl aber gibt es solch eine Chance – dazu braucht man nur aus einer anderen Perspektive oder einer anderen Wirklichkeitsebene auf die theologische Disputatio zu blicken; und diese Bedingung erfüllt der Synagogendiener mit seiner festen Überzeugung »die Juden bleiben«. Die Empörung des Juden – die treibende Kraft des Streitgespräches – macht ihn gegen Drohungen immun; ein Dummkopf geht nicht vor der Last des Wissens in die Knie. Seine Logik ist kläglich, aber wirkungsvoll. Er faßt die Wirklichkeit zwar vollkommen falsch auf, doch seine Sichtweise ist sehr wirkungsmächtig, wenn es darum geht, in diese Wirklichkeit einzugreifen. Der Narr weiß, ohne zu wissen; oder besser gesagt: Er nimmt das Medium wahr und tritt dem Wunsch nach Form und Antwor-

* Simon R. Pollack, Jewish Wit for all Occasions. New York 1979, S. 176–179.

ten mutig entgegen – bestärkt allein durch sein Bewußtsein für dieses Medium. Diejenigen, die nur halbweise sind, differenzieren und halten sich an Formen und werden deshalb davon völlig überrascht, daß auch Undifferenziertes seine Berechtigung haben kann.

Kurz gesagt, wer die Wirklichkeit wie ein Dummkopf sieht, kann zu Ergebnissen kommen, die man in der Welt der erkennbaren Dinge vergeblich sucht. Der Narr bezieht seine Einsichten aus der Welt der verborgenen Dinge, und wenn er sie offenbart, sieht derjenige, der nur halb weise ist, die Antworten nur in der Welt der erkennbaren Dinge. Der Narr ist ein Instrument; unsere Torheit und unsere Naivität sind Instrumente, mit deren Hilfe wir die Schranken zum Unmöglichen durchbrechen können. Wie das jiddische Sprichwort schon besagt: »Wenn dich die Aufgabe überwältigt, wenn dir alles zuviel wird, geh schlafen.« Durch den Kunstgriff *gej schlofen* können wir Energiereserven nutzen, die noch nicht dadurch in Mitleidenschaft gezogen wurden, daß unsere Art des Denkens an seine Grenzen gestoßen ist. Da der Schlaf unsere naive Seite hervorkehrt, bietet er uns die Chance, ein Medium und seine Umgebung zu verstehen. Von dieser Warte aus wird es möglich, einen Teufelskreis der Täuschungen zu durchbrechen, in dem wir uns mit unseren Überlegungen und Entscheidungsprozessen gerade dann so schnell verfangen, wenn wir besonders »klug« und »scharfsinnig« sein wollen.

Wie man Unmögliches zustande bringt

Ich möchte nun anhand einer wahren Begebenheit darlegen, wie man Entscheidungen auf einen Realitätssinn und eine Wirklichkeitsbeherrschung gründen kann, die man beide nur in der *Welt, in der Verborgenes erkennbar ist*, erwerben kann.

In einem bestimmten Ort hörte man am Vorabend einer Hochzeit aus dem Hof hinter dem Haus der Braut ein entsetzliches Heulen. Jedem, der es hörte, lief es eiskalt den Rücken herunter. Schließlich ist nach der jüdischen Tradition die Braut am Vorabend ihrer Hochzeit besonders verletzlich. Deswegen ist es auch Brauch, an diesem gefährlichen Abend eine Wache gegen böse Geister und dergleichen – insbesondere auch gegen böse Gedanken – aufzustellen, weil solche Erscheinungen diese Schwäche ausnutzen könnten. Salomon Anskis berühmtes jiddisches Stück Der Dibbuk, *in dem es um eine von einem bösen Geist besessene Braut geht, greift auf diese folkloristische Tradition zurück, die vielleicht daher kommt, daß Bräute bis vor nicht allzu langer Zeit meistens Mädchen waren, die den Bräutigam oft erst am Tag der Hochzeit kennenlernten. Das traumatische Erlebnis, das Elternhaus verlassen und ein ganz neues Leben beginnen zu müssen, löste so manches Mal bei den jungen Frauen eine Nervenkrise oder einen Anfall aus.*

Wie dem auch sei – auf alle Fälle war so ein schreck-

liches Geheul am Vorabend der Hochzeit einer jungen Frau aus dem Hof durchaus Anlaß zur Sorge. Eilends holte man den örtlichen Rabbi herbei, damit dieser feststelle, was hier eigentlich vor sich gehe. Als der das markerschütternde Geheul aus dem Hof hörte, packte auch ihn die Angst. Die Sache schien ihm nicht nur gefährlich, sondern auch höchst komplex. Da ihm das Risiko einer persönlichen Untersuchung entschieden zu hoch war, ließ er den Dorfdeppen holen, einen Schwachsinnigen. Der sollte nachsehen.

Der Narr tat, wie ihm geheißen, und nach kurzer Zeit kam er ganz vergnügt wieder heraus. Gespannt standen alle um ihn herum. Man brauche sich keine Sorgen zu machen, berichtete er, die Erklärung sei ganz einfach. Da hinten liege ein umgestürzter morscher Baum; der Stamm sei bereits ganz hohl, so daß jetzt der Wind diesen fürchterlichen Krach verursache.

Alle waren erleichtert, nur der Rabbi nicht. Noch in derselben Nacht rief er die Gemeinde zusammen und riet allen, ihre Sachen zu packen und zu fliehen. Die Zeichen seien ganz eindeutig. Es verstand ihn zwar keiner, aber alle befolgten seinen Rat.

Der Rabbi war der Älteste eines Dörfchens in Polen. Durch seine Warnung wurde die ganze Gemeinde von dem Nazi-Terror verschont, der nur kurze Zeit später dort herrschen sollte.

Die Schreie, die der Rabbi hörte, waren nur allzu real: Es waren Schreie aus der Zukunft, Schreie, die sich niemand hätte vorstellen können, der versucht hätte, solche Greuel vorauszusehen. Das Geheul war also ganz real. Doch wie gelang es dem Rabbi, die Botschaft zu entschlüsseln?

Versuchen wir, die Vorgänge zu rekonstruieren. Am Vorabend der Hochzeit kommt aus dem Haus der Braut ein Geheul – das ist unsere erste Information. Man holt den Narren, und der liefert eine plausible, rational überzeugende Erklärung für ein Naturphänomen. Doch der Rabbi ist skeptisch. Schließlich hat er ja den Narren kommen lassen, weil dieser am ehesten einer möglicherweise verborgenen Realität begegnen könnte. Doch dann kam der Narr nicht mit einer absurden Geschichte aus dem Hof zurück, sondern mit einem Bericht, der überhaupt nicht zu einem Narren paßt. Er kam mit einer Darstellung, die auf der Ebene der *Welt, in der Erkennbares erkennbar ist*, plausibel ist. Aber Narren sehen diese Welt nicht – eben deshalb sind sie ja Narren oder Verrückte. Der Rabbi schließt daraus, daß es sich hier nur scheinbar um die *Welt, in der Erkennbares erkennbar ist*, handeln kann. Was immer hier vorliegt, es gibt sich nur diesen äußeren Schein: Denn der Narr hatte in Wirklichkeit eine Begegnung mit dem Verborgenen. Von hier rührt sein plötzlicher Sinn für die *Welt, in der Erkennbares erkennbar ist* – trotz seines rationalen Erscheinungsbildes handelt es sich hier also um etwas, das sonst von niemandem wahrgenommen werden kann. Jetzt erst begreifen wir, daß der Rabbi, als er den Narren holen läßt, nicht etwa einen ahnungslosen Verrückten auf grausame Weise in eine Gefahr schickt, die ein kluger Mensch besser meidet. Der Narr ist vielmehr ein Instrument. Der Rabbi benutzt seine Naivität, um herauszufinden, ob bei der Sache verborgene Elemente mit im Spiel sind.

Daß alle Bewohner des Dorfes der Empfehlung des Rabbis zur Flucht blind folgen, zeigt, wie effektiv ein Weiser verborgenes Wissen nutzen kann, um in die Realität der erkennbaren Dinge einzugreifen. Alle respektieren die geahnten Elemente und werden dadurch gerettet. Der Rabbi erkennt die besonderen Qualitäten eines Narren an und respektiert seine Legitimität, während die Gemeinde die besonderen Qualitäten eines Weisen und dessen Legitimität anerkennt. Indem die Erfahrungswerte auf den Kopf gestellt werden – ein Verrückter spricht klug, ein Rabbi abergläubisch –, erhalten die Dorfbewohner Informationen, die ihnen in der Welt der äußeren Erscheinung nicht zugänglich sind.

Es gibt sogar so etwas wie eine Formel, mit der man auf diese Art Wissen zugreifen kann. Man muß dafür aber unbedingt den Umgang mit den Instrumenten beherrschen, die helfen, in diesen Bereich der *Welt, in der Verborgenes erkennbar ist*, vorzudringen. Dann können Erfahrungswerte umgekehrt oder eine absurde Logik angewandt werden. Diese Instrumente werden von dem Narren, der in einem jeden von uns steckt, verkörpert: Naivitäten, bestimmte Gefühle, Vorahnungen und Träume, wiederkehrende Bilder, frühere mysteriöse Vorfälle sowie die Zufälle, die uns ereilen. Es gibt Wege, solche Informationen zu verstehen und zu nutzen. Natürlich ist hier Vorsicht geboten: Wer bei der Entschlüsselung von Informationen, die aus der Welt der verborgenen Dinge in die *Welt, in der Erkennbares erkennbar ist*, gelangen, nicht weise vorgeht, handelt am Ende leicht selbst wie ein Narr. Denn der Narr hat zwar die Information, weiß aber nicht, wie man damit umgeht.

Umsicht und Demut sind geboten, wenn wir den Sinn von Informationen erfassen wollen, die uns ständig umkreisen und bisweilen vor unserem Auge aufscheinen. Die Sache wird dadurch schwierig, daß der Narr in uns häufig schläft, während der Halbweise in uns solche Informationen als absurd und nutzlos abtut. Vielleicht liegt das Problem aber auch gar nicht darin, ob wir den Narren in uns nicht richtig einsetzen, sondern darin, daß wir den Weisen in uns so selten als Partner heranziehen, wenn es gilt, Wahrgenommenes zu entschlüsseln.

Wie dem auch sei, die *Welt, in der Verborgenes erkennbar ist*, hat eine große Bedeutung, wie die Bewohner des kleinen Dorfes bezeugen können. Ihre

Informationen fügen sich in die Wirklichkeit des Verborgenen ein, sie können aber immer noch sichtbar oder faßbar gemacht werden. In dieser Welt stoßen wir auf Erkenntnisfragmente, aus denen sich, wie wir gesehen haben, ganz konkrete Pläne für gezieltes Handeln entwickeln lassen.

In allen drei Welten, die wir bisher untersucht haben, war das Faßbare oder Erkennbare immer auf die eine oder andere Weise präsent – sei es in der *Welt, in der Erkennbares erkennbar ist*, in der *Welt, in der Erkennbares verborgen ist*, oder in der *Welt, in der Verborgenes erkennbar ist.* Nun aber werden wir uns in eine Dimension begeben, wo sich nichts mehr von vornherein unterscheiden läßt, ein Feld, auf dem sich aus unserer Urteilskraft keine konkreten Handlungen mehr ergeben – wir betreten eine Welt, die noch mehr im verborgenen liegt.

Glaube – Die Welt, in der Verborgenes verborgen ist

Das Vorhaben im Herzen eines Mannes
ist wie ein tiefes Wasser;
aber ein kluger Mann kann es schöpfen.
Sprüche 20,5

In der *Welt, in der Verborgenes verborgen ist*, kommt Pascals berühmter Satz zum Tragen: »Das Herz hat seine Gründe, von denen die Vernunft nichts weiß.« Hier gibt es keinen Platz mehr für Vernunftstrategien, denn diese Sphäre kennt auch nicht die leiseste Spur eines irgendwie sichtbaren Elements. Alles ist verborgen, alles liegt jenseits des Wissens. Wir könnten versucht sein zu fragen, weshalb wir dann diesen Bereich überhaupt noch zu den Dimensionen des »Gartens« zählen sollten. Ist er denn nicht die höchste Summe aller denkbaren Räume menschlichen Lehrens und Lernens?

Doch auch die *Welt, in der Verborgenes verborgen ist*, zählt zu den Bereichen, die sich aufdecken lassen, und somit können auch Menschen dorthin vordringen. Dies geht allerdings nicht mehr über den Verstand, sondern nur noch durch Handeln.

Martin Buber unterscheidet in diesem Zusammenhang zwei zentrale Bereiche menschlicher Erfahrung: Erkenntnis und Verpflichtung. Handeln bedeutet Verpflichtung; es ist ein Mittel, mit dem wir in einen Ablauf eingreifen können, und es wird durch eine bestimmte Erkenntnis zu einem bestimmten Zeitpunkt ausgelöst. Wenn ein einzelner etwas erkennt, führt das nach Buber zu einem gewissen Grad von Verpflichtung – und umgekehrt: Eine Verpflichtung führt zur Erkenntnis. Wenn wir etwas bis in seinen tiefsten Grund verstanden haben, wenn wir also etwas verinnerlicht haben, wirkt sich das auf unser Denken *und* Handeln aus. Das wird dann in der *Welt, in der Erkennbares erkennbar ist*, sichtbar. Wenn wir zunächst verborgene Aspekte verstehen und diese durch konkretes Handeln greifbar machen, können wir in unsere eigene Art des Seins und des Denkens eingreifen.

Das Revolutionäre an diesen Überlegungen liegt in dem Umkehrschluß, der besagt, daß jedes Handeln auch die Erkenntnis fördert. Will sagen, daß wir durch unser Handeln in Dimensionen des Verborgenen vordringen und dabei gleichzeitig Erkenntnisse auf der Ebene der faßbaren Dinge hervorbringen.

Der folgende Dialog wird Rabbi Salman Schachter-Schalomi zugeschrieben. Darin fragt ein Schüler:

»Wie gelangt man zu Weisheit, Scharfsinn und Verständnis?«

»Durch gesunden Menschenverstand und ein gutes Urteilsvermögen.«

»Und wie erlangt man ein ›gutes Urteilsvermögen‹?«

»Durch viel Erfahrung.«
»Und wie sammelt man viel Erfahrung?«
»Durch Fehlurteile!«

Erfahrung, Handeln und Irrtümer geben uns Gelegenheit, das trockene Gebiet der Vernunft mit einem Informationsregen fruchtbar zu machen. Wenn wir unsere Erkenntnisfähigkeit durch Taten – das heißt durch Verpflichtung – fördern, befinden wir uns bereits in der *Welt, in der Verborgenes verborgen ist.*

Diese Umkehrung von Erkenntnis und Wahrnehmung ist eines der größten Vermächtnisse, welches das Abendland der jüdischen Tradition verdankt. Sie wurde allerdings kaum je richtig verstanden, geschweige denn zu Lösungsansätzen herangezogen. Es handelt sich um eine Einsicht, zu der die Israeliten erstmals gelangten, als sie das Geheimnis der »Teilung der Fluten« entdeckten. Nach jüdischer Auslegung findet sich die Erklärung für dieses Wunder in Exodus 24,7. Dort bekundet das Volk gegenüber Mose die Bereitschaft, dem Willen Gottes zu folgen: »Alles, was der Herr gesagt hat, wollen wir tun; wir wollen gehorchen.« Bei dieser bewußten Umkehrung der Reihenfolge »tun« und »gehorchen« (das Volk »hört« also Gottes Wort), von Verpflichtung und Erkenntnis, handelt es sich um das oben genannte revolutionäre Grundelement. Diese Wahrnehmungsweise der Hebräer, welche sich deutlich von allen herkömmlichen

Verhaltensmustern abhob, wurzelte in der konkreten Erfahrung, die das Volk Israel in einer ausweglosen Situation gesammelt hatte.

Die jüdische Überlieferung weiß zu berichten, daß sich das Meer erst teilte, nachdem Naschon, ein Mann, der nicht schwimmen konnte, allen voran ins Meer gesprungen war. Diese Tat ließ die Israeliten verstehen, daß so etwas überhaupt möglich war. Von diesem Moment an – wie flüchtig diese Art von Wahrnehmung auch immer gewesen sein mochte – wissen die Menschen für alle Zeit, daß Erkenntnis nicht immer auf logisches Denken und Vorstellungskraft zurückgehen muß; sie kann auch ganz anders zustande kommen, nämlich über das *Sein.* Der Rabbi von Kozk bringt es auf den Punkt:

Weise, Forscher, Denker gibt's in der Welt. Alle forschen sie dem Geheimnis Gottes nach. Aber was können sie davon erfahren? Nicht mehr, als sie der Stufe der Vernunft nach zu fassen vermögen. Aber das Volk der Söhne Israels, geheiligt sind sie – sie haben ein Gefäß, das ist das gebotene Tun (Mitzwot), *damit können sie mehr fassen als ihrer Stufe nach, bis zur Stufe der Dienstengel. Das ist jenes Wort am Sinai: »Wir wollen tun und hören.« Mit unserm Tun hören wir.* *

* Buber, S. 785f.

Die religiöse Überhöhung derartiger Verpflichtungen sollte die jüdische Erfahrung bekräftigen, daß es Erkenntnis auch auf einer Ebene jenseits von Sinneswahrnehmung und Verstand geben kann. Im *Traktat Aboth* 4,6 wird das schon beinahe formelhaft ausgedrückt: »Wenn jemand lernt, um zu lehren, so läßt man ihm zu lernen und zu lehren gelingen; und wenn jemand lernt, um zu handeln, so läßt man ihm gelingen zu lernen, zu lehren, zu beobachten und zu handeln.«* Wer sich in die verborgene Welt des Verstehens vertieft, erhält nicht nur den Zutritt zur Welt der erkennbaren Dinge; er versteht dann auch mit den nicht erkennbaren Dingen meisterlich umzugehen.

Auch das Geheimnis dieser verborgenen Erkenntniswelt liegt wieder im Bereich der »Antwort, die ihre Frage findet«. Diese Umkehrung steht quer zu der herkömmlichen Überzeugung, daß das *Handeln* stets auf die *Entscheidung* folge. Hier kann das Handeln sehr wohl eine bereits getroffene Entscheidung beeinflussen. Das ist der große Beitrag der Bekundung »wollen wir tun; wir wollen gehorchen«. In der Welt der Erkenntnis gibt es keine bevorzugte Reihenfolge der einschlägigen Mittel. Manchmal lernen wir durch engagiertes Handeln Dinge, die uns keine Art der Deduktion je hätte beibringen können.

* Der babylonische Talmud, neu übertragen durch Lazarus Goldschmidt. Bd. 9. Berlin 1934, S. 675.

Über Fehler zum Erfolg

Bei unseren bisherigen Begegnungen mit der Welt der verborgenen Dinge haben wir entdeckt, wie dort Antworten zu dynamischen Fragen aufscheinen – also zu Fragen, die sich ständig verändern. Ganz anders demgegenüber die Welt der erkennbaren Dinge, die sich nur mit statischen Anordnungen der Wirklichkeit befaßt. Die »dynamische« Art der Antwort läßt sich gut anhand eines Beispiels aus den (statischen) Naturwissenschaften selbst veranschaulichen.

Die Entdeckung der Reparaturmechanismen der DNS sorgte für einige Aufregung unter den Genetikern. Bekanntlich sind sämtliche Informationen, die sich körperlich in einem einzigartigen Lebewesen manifestieren, in den komplexen Molekularstrukturen der DNS kodiert. Jede Veränderung des genetischen Codes wirkt sich alsbald auf den Organismus aus.

Als die Wissenschaftler feststellten, daß bei der Replikation der DNS eine hohe Fehlertoleranz herrscht, staunten sie nicht schlecht, denn eine derart hohe Fehlerproduktion scheint für die Vorgehensweise der Natur nicht gerade typisch. Die Evolution tendiert vielmehr zu höchster Effizienz. Wie aber soll man diese grundlegende Struktur für effizient halten, wenn sie ständig Fehler produziert?

Hierzu sagt die Molekularbiologin Miriam Stampfer:

Wenn es um die Kodierung geht, erweist sich nicht etwa die Wahl eines beständigen, stabilen und fehlerfreien Materials als die effizienteste Lösung. Angesichts der natürlichen Grenzen der Bausteine der materiellen Welt ist es alles in allem günstiger, ein höheres Maß an Fehlern zuzulassen (wie beim Kodiermaterial der DNS) und parallel dazu höchst effiziente Fehlererkennungs- und Reparaturmechanismen zu entwickeln. *

Anders gesagt, die DNS hat den »perfekten« Umgang mit den Grenzen der materiellen Welt entdeckt – ein raffiniertes System von Fehlern, deren Reparatur dazu führt, daß letzten Endes das Richtige herauskommt.

Auf ähnliche Weise können wir Menschen vom Verborgenen oder Unauffälligen lernen, indem wir uns einer Methode bedienen, bei der Fehler gleich mit dazugehören. Rabbi Salman sagte: »Lernt richtige Urteile aus euren falschen.« Die DNS *handelt* zuerst; dann erst *hört* und *urteilt* sie.

Wer sich angewöhnt, seine Fehler und die eigene Dummheit zuzugeben, lernt oft schneller als einer, der sein Wissen aus Büchern und Theorien erwirbt. »Wessen Werke mehr sind als seine Weisheit, dessen Weisheit hat keinen Bestand«, heißt es im Traktat

* *New Menorah*, Sommer 1994.

Aboth 3,12.* Da die DNS überleben will, setzt sie mehr auf das *Handeln* als auf das *Erkennen.*

Will man Probleme lösen, kommt man nur voran, wenn man einen Erfahrungsmaßstab hat, der die Gedanken untermauert. Hierbei muß man sich in einem ersten wichtigen Schritt dieser Grenzen der Erkenntnis bewußt werden. Wirklich schwierig aber ist es, aus diesem Teil des Gartens genießbare Früchte mitzubringen. In dieser Welt kommt es einer Katastrophe gleich, wenn man auf ein positives Ergebnis kommt. Denn dadurch wird nur bestätigt, was längst schon bestätigt ist. Es geht vielmehr um eine Art Wörtlichkeit des Verborgenen. Wer in dieser Welt nur das Richtige herausbekommt, hat die Chance verspielt, die unglaubliche Welt des »ist nicht« kennenzulernen.

Wie wir bereits gesehen haben, hat der Verfechter der Wörtlichkeit (in der *Welt, in der Erkennbares erkennbar ist*) die Aufgabe, anhand des Gesagten das nicht Gesagte herauszufinden, um mit diesem Wissen die Frage besser zu verstehen. In der *Welt, in der Verborgenes verborgen ist*, kommt es hauptsächlich darauf an, den eigenen Fehler – den nicht gesagten Bestandteil einer Handlung – zu erkennen. Denn damit kann man herausfinden und besser verstehen, was genau man richtig erfaßt hat. Auf diese Weise berühren sich das vollkommen Erkennbare und das völlig Verbor-

* Der babylonische Talmud, S. 672.

gene. Der Fehler, der die Handlung umgibt, verhält sich so zum Erkennen des Verborgenen, wie sich das Nicht-Wissen, das die Information umgibt, zum Verstehen des Erkennbaren verhält.

Das Risiko, keine Fehler zu machen

Wenn man Erkenntnisse aus der Welt der verborgenen Dinge gewinnen will, sind Fehler unerläßlich. Wer nicht genug Fehler macht, kann auch nicht das Wissen und die Urteilskraft erlangen, die aus Fehlern hervorgehen. Angenommen, man möchte ein Problem lösen oder eine Frage beantworten und kommt nicht recht voran. Wie kann man dann feststellen, ob es daran liegt, daß man zu wenige Fehler gemacht hat?

Selbstverständlich sollte man darauf aus sein, Fehler zu vermeiden. Wenn ein Nichtschwimmer versucht, Naschon nachzueifern, indem er sich einfach ins Rote Meer stürzt, werden sich die Fluten für ihn nicht teilen. Er würde einen kapitalen Fehler begehen, denn in diesem Fall gelten ohne Zweifel die Regeln der *Welt, in der Erkennbares erkennbar ist*: Spring nicht ins Meer, wenn du nicht schwimmen kannst. Sonst begehst du den Fehler desjenigen Weisen, der im Garten »stirbt« – um nochmals auf die Symbolik der vier Weisen im Pardes zurückzukommen. Er kommt ums Leben, weil er nicht schwimmen kann. Wer sich angesichts eines Problems so verhält, tut nichts anderes, als einen Lösungsweg einzuschlagen, auf dem man einfach gegen die rationalen Abläufe in dieser Welt anrennen möchte. Echte Fehler hingegen – also solche, deren Lehren direkt aus der Welt der verborgenen Dinge auf uns kommen – kann man aber nicht provozieren, indem man sich klar wider die Vernunft verhält. Sie kommen erst zustande, nachdem man seine eigene Urteilskraft restlos ausgeschöpft hat. Erst wenn man alle verstandesmäßigen Alternativen und Schlußfolgerungen durchgespielt hat, bleibt einem beim Sprung ins Meer das Schicksal der Ägypter erspart.

Wer nicht genug Gelegenheiten hat, entsprechend viele lehrreiche Fehler zu machen, wird in der Konsequenz leicht depressiv. Wenn wir meinen, unsere Lebenserfahrung nicht richtig zu nutzen, löst das in uns das schmerzliche Gefühl aus, daß das Leben an uns vorbeigeht und uns wertvolles Wissen entgeht. Verborgenes Wissen trägt nämlich ganz entscheidend dazu bei, daß wir uns unseres Urteilsvermögens versichern, indem wir mit Hilfe des Verborgenen einen Sinn erkennen, wo anders keiner mehr wahrgenommen werden kann. Das, was erst noch der Erklärung bedarf, kann nur durch die Sphäre des Handelns – des Verborgenen – mit Sinn gefüllt und analysiert werden.

Der Rabbi von Kozk fragt: »Was bedeutet das Gebot: ›Du sollst nicht stehlen‹?«

»Ganz einfach«, erwidert der Schüler, »es bedeutet: ›Nimm deinem Nächsten nichts weg‹.«

»Nein«, sagt der Rabbi, »es bedeutet: ›Nimm dir selbst nichts weg‹.«

Was aber heißt »sich selbst nichts wegnehmen«? Es heißt, ganz offen zu bleiben. Wer sich dem Leben nicht öffnet, sondern sich davor versteckt, bringt sich um grundlegendes Wissen über sich selbst und über das Leben – Wissen, das sich nicht rational erwerben läßt. Keiner kann ein Wissen zum Ausdruck bringen, das eine andere Person auf dem Weg ihrer eigenen Erfahrung erlangt hat. Denn dieses Wissen ist nicht einfach Information, sondern vielmehr ein kompliziertes Bezugssystem, das alle Fehler (oder Unwissenheiten) aufdeckt, die damit zu tun haben, daß man jetzt in der eigenen besonderen Lage ist. Wer versucht, jemandem etwas beizubringen, was er selbst aus eigener Erfahrung gelernt hat, hat nicht verstanden, daß das Wesen seines Wissens jedem verborgen bleiben muß, der nicht dasselbe erlebt hat. Es ist, als zeige man auf einen bestimmten Punkt einer Landkarte, obwohl da überhaupt keine Landkarte ist. Es ist sinnlos, etwas zu zeigen, wenn es keine Bezugspunkte gibt.

Der Rabbi von Kobryn sagte einmal: »Wäre es in meiner Macht, ich würde alle Schriften von Zaddikim verbergen. Denn wenn einer viel Chassidut *weiß, wird seine Weisheit leicht größer sein als seine Taten.«**

Der Rabbi weist damit warnend auf den erheblichen Unterschied zwischen Menschen hin, die Erfahrung vermissen lassen, und solchen, die bereits Gefäße für Informationen haben. Dieser Unterschied wird noch deutlicher, wenn man faßbares Wissen, das seiner verborgenen Dimensionen entkleidet ist, mit den Lehren vergleicht, die auf Informationen zurückgehen, die jemand durch eigene Erfahrungen in der verborgenen Welt erworben hat. Ein Beispiel bietet die chassidische Erzählung von dem Schüler, der einen Meister aufsucht, um von ihm zu lernen. Schon nach wenigen Tagen erklärt der Meister den neuen Schüler selbst zum Meister. Die anderen Schüler begehren gegen diese Entscheidung auf: »Wie soll er sich denn in so kurzer Zeit so viel Wissen angeeignet haben?« – »Er ist ein Mensch«, erklärt der Meister, »der mit vielen Kerzen zu mir kam. Ich brauchte nur eine davon anzuzünden; alle anderen konnte er sich dann selbst anzünden und so seinen eigenen Weg erhellen.«

Die Kerzen stehen für das Wissen über die Welt des Verborgenen; in der Welt der offenbaren Dinge braucht man sie nur noch anzuzünden. Ihr Potential als Gefäße des Lichts ist nicht nur deshalb von Bedeu-

* Buber, S. 632.

tung, weil sie erhellen, sondern vor allem deshalb, weil sie alle anderen Bereiche, in denen Kerzen zum Anzünden bereitstehen, kenntlich machen und legitimieren. Die Kerzen bestehen aus dem Wachs unserer Fehler und Fehlurteile. Gibt es nicht genug von diesem Wachs, so »verdummen« wir. Das häufigste Symptom von Wachsmangel läßt sich darauf zurückführen, daß ein Mensch die vielen Kerzen nur nicht sieht, die längst schon darauf warten, angezündet zu werden. Die Kreativität, die sich in diesen Tiefen befindet – wo das Medium die Formen verschluckt –, läßt sich auf die Wahrnehmung all dessen zurückführen, das in der verborgenen Welt darauf wartet, angezündet zu werden und auf diese Weise die Urteilskraft zu entfachen.

Mit dem Herzen lernen

Eine der großen Herausforderungen für jeden Lehrer ist es, das jeweils angemessene Verhältnis zwischen Erkenntnis und Verpflichtung zu finden. Wenn die Schüler keine Fortschritte machen, liegt es oft an einer Lehrmethode, die der Urteilskraft Priorität vor der Erfahrung einräumt. Man legt großen Wert auf die Helle und Klarheit des Geistes, bringt jedoch den Schülern nicht bei, die Kerzen in ihrer eigenen Umgebung zu erkennen, deren Licht ebenso hell scheinen könnte wie das der erworbenen Deduktionen. Rabbi Bunam beschreibt dieses Problem wie folgt: »Wenn am Sabbat meine Stube voller Leute ist, wird es mir schwer, Worte der Lehre zu sprechen. Denn jeder bedarf seiner eigenen Lehre, jeder soll in seiner Lehre vollendet werden, und was ich allen zuteile, entziehe ich jedem von ihnen.«*

Wenn der Lehrer den Stoff auf die bloße Erkenntnis reduziert, nimmt er, statt zu geben. Verallgemeinerungen – man könnte sie als all die Erfahrungen bezeichnen, die mehr als nur eine Person gesammelt hat – werden schnell zu Straßensperren auf dem Weg zur verborgenen Welt des Handelns. Sie übergehen Einzelheiten oder übertreiben sie und lassen so den Unterricht zum Bremsklotz echten Verstehens verkommen: Wie kann man zu allen sprechen? Indem man über das Faßbare spricht. Und was wird verdunkelt, wenn man über das Faßbare spricht? Das Verborgene.

Ein guter Lehrer ist enttäuscht, wenn sein Schüler ausruft: »Ah, jetzt hab ich's kapiert!« Denn ein verständiger Pädagoge begreift, daß ein Schüler seinen Zugang zu den selbst erworbenen Lehren verliert, je mehr allgemeine Prinzipien er erlernt.

Man müßte eine verbesserte Unterrichtsmethode mit einer Art Bildung kombinieren, die für jedermann

* Buber, S. 744.

taugt – doch das kostet jeden so viel. Rabbi Mendel von Kozk erklärt, warum:

> *Chassid bin ich geworden, weil es in meiner Heimat einen alten Mann gab, der hat Geschichten von Zaddikim erzählt. Er hat erzählt, was er wußte, und ich habe gehört, was ich brauchte.«**

Wenn ein Lehrer sein Wissen mitteilt und jeder einzelne Schüler weiß, wie er aus dem Ganzen den Teil herausziehen kann, den er wirklich braucht, dann fügt sich diese Information in das Feld der eigenen Erfahrung ein. Bei solch einem Unterricht werden die Schüler automatisch angehalten, nach ihren bereits vorhandenen »Kerzen« zu suchen. Die Flamme des Lehrers entzündet keine spezielle Kerze, sondern sie wird den Schülern nur dargeboten, damit diese dann anzünden können, was immer sie gerade brauchen. Ein solcher Lehrer hat begriffen, daß die verborgene Welt Kerzen entstehen läßt. Sein Feuer kann sie entzünden, aber auch hoffnungslos überstrahlen.

Es kommt wesentlich darauf an, daß jeder seine eigene Methode findet, das Licht einzufangen und hell zu erhalten. Als ein junger Schüler klagte, er sei nicht mehr so wißbegierig und eifrig wie früher, erwiderte der Rabbi von Rizin: »Du bist wie jemand, der sich bei dunkler Nacht durch den Wald führen läßt. So-

* Buber, S. 774.

bald du allein bist, herrscht nichts als Dunkelheit. Wenn du aber dein eigenes Licht trägst, kann dir die Dunkelheit nichts mehr anhaben.«

Nur ein Lehrer, der selbst mit diesem Ziel vor Augen studiert hat, kann seine Schüler dazu befähigen, ihre eigenen Kerzen anzuzünden. Rabbi Bunam sagt zu diesem Thema: »Wenn ich kunstreiche Schriftdeutungen vorbringen wollte, könnte ich vieles zum besten geben. Aber der Narr sagt, was er weiß, der Kluge weiß, was er sagt.«* Das Engagement und die verborgene Seite des Lehrers sind mit im Spiel, wenn seine Schüler einen Gedanken fassen oder etwas verstehen. Der Lehrer führt seine Schüler bis zu dem Punkt auf der Straße der Erkenntnis, an dem sie die Dinge verinnerlichen können und ein Bewußtsein für ihre »Verpflichtungen« entwickeln. Rabbi Jitzchak von Worki sagt uns, wie man das erreichen kann:

Ein Kaufmann wollte auf Reisen gehen. Er nahm sich einen Gehilfen und stellte ihn in den Laden. Er selbst hielt sich zumeist in der angrenzenden Stube auf. Von da aus hörte er im ersten Jahr zuweilen, wie der Gehilfe zu einem Käufer sagte: »So billig kann es der Herr nicht hergeben.« Der Kaufmann reiste nicht. Im zweiten Jahr vernahm er mitunter von nebenan: »So billig können wir's nicht hergeben.«

* Buber, S. 754.

Er verschob noch die Reise. Aber im dritten Jahr hieß es: »So billig kann ich's nicht hergeben.« Da trat er seine Reise an. *

Ein guter Lehrer kann seine Schüler erst verlassen, wenn er weiß, daß sie aus eigener Erfahrung urteilen können. Obwohl sie sich mit ihrem Wissen zeitweise Zugang zu der *Welt, in der Verborgenes verborgen ist*, verschaffen können, ist dieser doch nicht von Dauer. Denn ihr Wissen verblaßt und verliert sich allmählich in jener Bedeutungslosigkeit, der alles verfällt, was diese verborgene Komponente nicht besitzt. Das ist der Grund, weshalb sich die Lehren eines wahren Meisters nicht über den Verstand vermitteln lassen.

Der Rabbi von Kalew wurde einmal bedrängt, doch zu verraten, was ihm sein Meister beigebracht habe. So gab er zur Antwort: »Die Lehren meines Meisters sind wie Manna, das in den Körper dringt und ihn nie verläßt.« Als man ihm weiter zusetzte, er möge doch seine Geheimnisse preisgeben, riß er sich das Hemd auf und rief: »Schaut mir ins Herz! Dann werdet ihr verstehen, wo die Lehren meines Meisters verwahrt sind.«

Die Lehren liegen nicht im Reich der Vernunft, sondern sind ins Herz gepflanzt, ins Reich der Gefühle und der Erfahrung. Lehren, die auch die *Welt,*

* Buber, S. 810 f.

in der Verborgenes verborgen ist, mit einschließen, werden mehr erlebt als verstanden. Deshalb findet sich auch der folgende Kommentar im Jerusalemer Talmud: »Von meinen Meistern habe ich viel gelernt, von meinen Mitschülern noch mehr und von meinen Schülern am meisten.« Wer so unterrichtet, daß es für ihn selbst zum Erlebnis wird, wird von seinem eigenen Unterricht genauso lernen wie die Schüler. Und wer beim Lernen auf das Handeln zielt, der wird sowohl handeln als auch erkennen. Hier paßt wohl das Bonmot von George Bernard Shaw: »Wer kann, der tut, wer nicht kann, lehrt.«

Nicht sehen und doch wissen

Der Baal Schem tow sagte einmal: »Wenn ich die höchsten Stufen des Wissens erreiche, weiß ich, daß kein einziger Buchstabe der Weisung in mir ist.« Diese Sphäre, die sich vom Menschen nicht beherrschen läßt, gehört zur Gänze der verborgenen Welt an. Das Verborgene weiß, daß das Gedächtnis nur eine Form ist und daß es dort kein dichtes Medium gibt. Erinnerung macht sich stets an bestimmten Einzelheiten oder Merkmalen fest. Mit einer solchen detailgetreuen Aufzeichnung von Informationen hat die verborgene Welt nun überhaupt nichts zu tun; sie speichert ihre Daten vielmehr in Atmosphären und

Umgebungen. Diese können konkret sein (Gerüche, visuelle Eindrücke), emotional (ein besonderes Ereignis, eine bestimmte Szene) oder existentiell (in der Falle sitzen, sich verlieben).

Ein Mensch, der sich in solchen Umgebungen bewegt, ist einer, der sich auf das Leben einläßt und stets offen ist für die Dinge, die jederzeit über ihn kommen können. Im Gegensatz dazu zwingt man mit Objektivität – also mit dem distanzierten Blick des offenbaren Wissens – die Dinge in eine Form und prägt sie sich ein.

Die Kommunikation zwischen diesen beiden Welten stellt ein großes Problem dar. Die einen sagen vielleicht: »Ist es nicht die Funktion der offenbaren Welt, die erkennbaren Dinge korrekt darzustellen? Wie kann aber jenes andere, verborgene Wissen begriffen werden, ohne die erkennbaren Dinge zu verfälschen?« Und andere werden fragen: »Wie können wir die Welt der verborgenen Dinge verstehen, ohne diese sichtbar zu machen? Aber wie sollen wir sie denn sichtbar machen, ohne ihr eigentliches Wesen zu zerstören?«

Man kommt hier nur weiter, wenn man begreift, daß die verborgene Welt über eine Art Wissen verfügt, das kein Wissen im eigentlichen Sinn ist; es strebt in keiner Weise danach, erkennbar zu werden.

Es gibt eine Geschichte über einen chassidischen Schüler und seinen Freund, der als Laie lebte und äußerst rational war. Der Schüler wollte den Freund unbedingt seinem Rabbi vorstellen, doch der junge Skeptiker lehnte dies hartnäckig ab. Eines Tages jedoch gelang es dem Schüler, seinen Freund dazu zu überreden, an einem Sabbatessen beim Rabbi teilzunehmen.

Während der Mahlzeit sah der Schüler zu seiner Überraschung, wie sein Freund vor Freude strahlte. Später fragte er ihn, was ihn so bewegt habe. »Beim Essen«, meinte der, »sah der Rabbi aus wie in der Zeit des Tempels der Hohepriester, wenn er vor dem allerheiligsten Opfer saß.«

Der Schüler war davon ganz angetan und ging kurz darauf zum Rabbi und fragte ihn, wie ein Skeptiker schon beim ersten Besuch etwas sehen konnte, was die Freunde und Anhänger des Meisters noch nie wahrgenommen hatten. Der Rabbi erklärte: »Einer wie er muß sehen; ein Schüler hingegen muß glauben.«

Wer gewinnbringend in die Welt des Verborgenen vorstoßen möchte, kann die entsprechende Gewißheit und Legitimation nicht durch Sehen erreichen. Vielmehr ist es der *Glaube*, über den sich die verborgene Welt nach außen hin zu erkennen gibt. Nur über ihn nimmt das Verborgene eine faßbare Gestalt an; denn die Wege der Vernunft können niemals in diese Welt führen. Der Glaube ist die Form, die eine verborgene Antwort aus der verborgenen Welt annimmt, wenn sie dem Offenbaren gegenübertritt. Ob wir es nun mit einer Eingebung aus der *Welt, in der Verborgenes erkennbar ist,* zu tun haben oder mit einer Handlung, die von der *Welt, in der Verborgenes verborgen ist,* angeregt wurde – immer hat uns bereits eine Diskontinuität überzeugt. Diese läßt die Gründe für etwas in Erscheinung treten. Voraussetzung ist jedoch immer eine unmittelbare Erfahrung.

Es ist sehr wichtig, daß die Früchte dieser Welt geerntet werden – aber auch sehr schwierig; vielleicht ist es ebenso schwierig, wie das Rote Meer zu teilen (um mit den Worten der Rabbiner zu sprechen). Denn es verwirrt uns, wenn die Gewißheit vor der Begründung kommt, stellt das doch unsere Logik auf den Kopf. Diese Gewißheit speist sich aus der ganzen Palette der logischen Systeme – und der Leere, die eine jede Definition, eine jede Identifikation und eine jede Spezifizierung umgibt, die unser Geist hervorbringen kann. Die Weisheit der *Welt, in der Verborgenes verborgen ist,* liegt viel eher in der Unbegrenztheit als in der klaren Definition eines Merkmals. Und dennoch ist diese Welt nicht die Leere selbst, denn wir können sie mit unseren geistigen Fähigkeiten erkennen. Dazu folgende Geschichte:

Zu Rabbi Jissachar von Wolborz kam ein Toter, den er einst als angesehenen Mann gekannt hatte, und bat um seine Hilfe: seine Frau sei ihm vor einiger Zeit gestorben, und er brauche Geld, um die Trauung mit einer zweiten auszurichten. »Weißt du denn nicht«,

sagte der Zaddik, »daß du nicht mehr am Leben, sondern in der Welt des Wahns bist?« Als jener es nicht glauben wollte, hob er ihm den Rockschoß und zeigte ihm, daß er in den Sterbekleidern ging.
Später wurde Rabbi Jissachar von seinem Sohn gefragt: »Wenn dem so ist – vielleicht bin dann auch ich in der Welt des Wahns?« – »Wenn man weiß«, antwortete er, daß es eine Welt des Wahns gibt, ist man nicht in ihr.« *

Wenn man durch tatsächlich verborgene Gebiete der flüchtigen Welt reist, weiß man, daß das eigene Wissen nicht aus der Welt des Wahns stammt – und zwar weil man sich deren Existenz bewußt ist. Solange man das weiß, solange man nicht wegen seiner Verpflichtungen auf seine Urteilskraft verzichtet, besteht keine Gefahr, daß man Teil jener Welt des Wahns wird. Glaube und Eingebung – Früchte der *Welt, in der Verborgenes erkennbar ist,* und der *Welt, in der Verborgenes verborgen ist* – sind unzertrennliche Bestandteile des Gartens, in dem auch Vernunft und Klarheit weiter existieren.

Wer denkt, der kann auch intuitiv erfassen und ebenso glauben: Eingebung und Glaube sind zusammengehörige Teile des gesamten Prozesses, in dem wir die vor uns liegende Welt organisieren. Sie ordnen die

* Buber, S. 658.

Welt durch Medien, während die Urteilskraft diese Aufgabe mit Hilfe klar umrissener Formen ausführt.

In Anlehnung an *Pirkei Awot* könnte man sagen: Wer nachdenkt, um zu handeln – wer also die Absicht hat, in den Garten der Gefühle zu gehen, um dort zu ernten, was die Welt der Existenz aufrechterhält –, stößt auf Klarheit und erforscht sie. Auf dem weiteren Weg aber – und dies ist in unserem Zusammenhang wichtiger – entsagt er dieser Klarheit. Er hat von ihr viel gelernt, möchte nun auf dieser Grundlage Eingebungen folgen und an etwas glauben, das sein Wissen vollendet. Sein Wissen setzt sich aus zwei Hälften einer Orange zusammen, die gar nicht von derselben Frucht stammen, und dennoch Teile derselben Einheit sind – nämlich des Geistes.

Epilog

Die beste Anleitung zu einer Rundreise durch den Garten liefert uns die tägliche Liturgie der jüdischen Tradition. Wenn wir da unserem Schöpfer für die reichen Segnungen danken, die er uns gewährt hat, danken wir ihm auch für die Fähigkeit zu denken. In dem *Ahavat Olam* genannten Teil der Liturgie (Seine Liebe zur Welt) hat Gott uns einen geschlossenen Garten voll des reinen Sinnes geschenkt. Der Text wirkt wie ein Abriß all dessen, was wir hier dargelegt haben. Die größte aller Gaben, heißt es da, ist die Möglichkeit von *lehavin u-le'askil; lish'moa, lilmod u-lelamed; lish'mor ve-la'assot; u-lekaiem* – »Verstehen und Erhellen; Hören, Lernen und Lehren; Bewahren und Handeln; Erfüllen«. Dem Text zufolge kann diese Reihe unser Sehen erhellen; der wundersame Garten bietet uns sogar die Möglichkeit zu sehen, was nicht sichtbar ist.

Verstehen und Erhellen: Diese Fähigkeiten ermöglichen uns ein kristallklares Urteil über Dinge, die sich in konkreter und manifester Form vor uns auftun.

Hören, Lernen und Lehren: Diese Fähigkeiten helfen uns, beim Urteilen individuelle und ästhetische Denkblockaden zu vermeiden und das größere Bild zu begreifen, das in einem neuen Bezugsrahmen erscheint, so daß die verborgene Natur der Dinge aufgedeckt wird.

Bewahren und Handeln: Diese Fähigkeiten gehören einer Welt an, in der die Erfahrung den Vorrang vor der Erkenntnis hat. Durch Bewahren und Handeln kann ein Mensch zwar sein Verhalten nicht dauerhaft ändern; so kann er jedoch bisweilen Handlungen vornehmen, ohne sie zuvor durch die Filter der Erkenntnis und Vernunft laufen zu lassen.

Erfüllen: Hierdurch können wir alles, was wir theoretisch untersucht und praktisch erfahren haben, in Verhalten umsetzen und somit zu einem Teil unseres Seins machen. Was wir denken und erkennen, bleibt dann nicht mehr abstrakt, sondern bestimmt unsere Existenz.

Die beigefügte Tabelle soll veranschaulichen, daß jedes Problem mit Hilfe von vier Differenzebenen analysiert werden kann. Im Bereich der Erkenntnis (also dessen, was seinem Wesen nach faßbar ist) können wir das Verborgene durch Fragen oder durch das Nicht-Wissen erreichen. Je besser man das Ausmaß des eigenen Unwissens versteht, um so tauglichere Entscheidungen lassen sich in diesem rationalen Bereich treffen. Auf dieser Ebene wird das Verborgene nicht durch Antworten aufgedeckt, sondern dadurch, daß man die Frage(n) in neue Bezugsrahmen stellt.

ERKENNTNIS (linke Gehirnhälfte)	Die *Welt, in der Erkennbares erkennbar ist*	Verstehen Erhellen	WISSEN
	Die *Welt, in der Erkennbares verborgen ist*	Hören Lernen Lehren	VERSTEHEN
VERPFLICHTUNG (rechte Gehirnhälfte)	Die *Welt, in der Verborgenes erkennbar ist*	Bewahren Handeln	WEISHEIT
	Die *Welt, in der Verborgenes verborgen ist*	Erfüllen	GLAUBE

Im Bereich der Verpflichtung, also der Welt jener verborgenen Dinge, die nicht rational, sondern nur empirisch festgestellt werden können, erreichen wir unser Ziel, indem wir erkennen, daß Erfahrung nicht nur Fakten vermittelt, sondern auch Wissen über das Ausmaß unseres Nicht-Wissens. Für die *Welt, in der Verborgenes verborgen ist,* gilt das Prinzip *zuerst Handeln;* auf diese Weise werden die Fragen nachträglich er-dacht.

Wer über bloßes Wissen verfügt, kann nur solche Probleme lösen, die anderen Problemen ähnlich sind, welche man bereits zuvor einmal gelöst hat. Er weiß, was er weiß.

Wem das Verstehen gelingt, der kann auch solche Probleme lösen, die man bis zu ihrer ursprünglichen

Frage und der darin enthaltenen These zurückverfolgen muß. Er weiß, was er weiß und wieviel er weiß.

Wer Weisheit besitzt, kann sich auf seine Intuition verlassen, aufgrund früherer Erfahrung handeln und auf neue Probleme reagieren, bevor sie überhaupt auftreten. Er »kennt«, was er nicht weiß.

Wer über den Glauben verfügt, kann seine Lebenserfahrung nutzen, um Fragen eine neue Richtung zu geben. Er »kennt« das, was er nicht weiß, und weiß, wieviel es noch zu wissen gibt.

Es läßt sich leicht nachvollziehen, was mit »Wissen« und »Verstehen« gemeint ist. Auch was »Weisheit« besagen soll, kann man ohne weiteres begreifen – obwohl der Begriff schon etwas komplizierter ist. Immerhin läßt sich deutlich erkennen, was Weisheit bewirken kann. Der Begriff des »Glaubens« ist hingegen äußerst komplex. Ein Mensch, der im Glauben handelt, verfügt über Parameter, mit denen man die wichtigsten Prioritäten und Prinzipien, die über unser Leben bestimmen, beeinflussen kann.

Immer mehr Menschen, die von Berufs wegen Probleme lösen müssen, verstehen bereits, daß dazu Fertigkeiten auf allen vier Ebenen nötig sind. In vielen Unternehmen ist man heute davon überzeugt, daß Mitarbeiter, die nur über »Wissen« verfügen (und leicht durch Maschinen ersetzt werden können) oder nur über die Fähigkeit zum Verstehen (und leicht durch Computer ersetzt werden können), keine so wertvollen Arbeitskräfte sind wie solche, die aufgrund ihrer Lebenserfahrung urteilen und auch einmal das Risiko eingehen, zuerst zu handeln, anstatt ausschließlich abgesicherten Erkenntnissen zu folgen. Da sie Weisheit an den Tag legen und im Glauben handeln, können solche Mitarbeiter ethische Systeme verfeinern und Strategien zur Lösung langfristiger Probleme erarbeiten. Schließlich gelingt es ihnen, Wissen zu erzeugen, wo es zuvor keines gab; denn sie verstehen, ihr Nicht-Wissen zu umgrenzen und zu nutzen.

Hierzu eine weitere chassidische Erzählung:

Ein Mann verirrt sich im Wald. Es dämmert schon, und mit zunehmender Dunkelheit wird er immer nervöser. Schließlich sieht er in der Ferne ein Licht und geht erleichtert darauf zu. So stößt er auf einen Mann, der eine Laterne hochhält, und sagt: »Ich bin wirklich froh, daß ich dich gefunden habe. Ich habe mich nämlich verirrt, und es wird immer dunkler. Aber jetzt ist alles in Ordnung, denn du kannst mir ja zeigen, wie ich wieder aus dem Wald herauskomme.«

»Tut mir leid«, sagt der Mann mit der Laterne, »aber ich habe mich auch verirrt. Doch mach dir deswegen keine Sorgen, denn jetzt wissen wir immerhin, daß wir weder in der Richtung wieder herausfinden, aus der du gekommen bist, noch in der, aus der ich gekommen bin. Zu zweit wissen wir mehr als jeder von uns alleine; das verbessert unsere Aussicht, wieder herauszufinden.«

Der erste findet das nicht ganz überzeugend und schaut sich den anderen etwas genauer an. Da merkt er, daß er blind ist. »Aber du kannst ja nicht sehen!« ruft er. »Wozu brauchst du denn eine Laterne?«
»Damit du mich s*ehen kannst!«*

Der Mann, der wieder aus dem Wald herausfinden will, steht für die Welt der faßbaren Dinge; der Blinde, der nicht sehen oder »unterscheiden« kann, für die Welt des Verborgenen. Gemeinsam verbessern sie ihre Aussichten. Der Blinde verfolgt mit dem Licht nur den Zweck, den anderen auf sich aufmerksam zu machen. Seine Laterne ist nur das Instrument, mit dem das Prinzip *zuerst Handeln* das Prinzip *zuerst Erkennen* anzieht. Das Licht hat für den Blinden nur den Zweck, die Aufmerksamkeit des anderen zu erlangen.

Wenn wir versuchen, ein Problem mit der rechten Gehirnhälfte zu lösen, benutzen wir Licht nicht, um zu sehen (denn dafür brauchen wir es nicht), sondern um die Aufmerksamkeit der Vernunft zu erwecken, die immer nach dem Licht strebt, also nach Erkenntnis. Für die rechte Gehirnhälfte – für die Verpflichtung – ist Licht kein Selbstzweck. Im Psalm 36, Vers 10 heißt es: »In deinem Licht schauen wir das Licht.« Anders gesagt, Zweck des Lichtes ist es nicht, zu erhellen (zu verstehen, zu definieren und zu lösen), sondern neues Licht zu bringen (eine neue Frage oder Suche).

Die vier Ebenen lassen sich vielleicht am besten anhand der berühmten jüdischen Anekdote über jenen Mann erläutern, der den Talmud studieren will:

Ein Geistlicher um die Dreißig klopft an die Tür des großen Talmudgelehrten Rabbi Schwarz:
»Ich heiße Pfarrer Lindvers und bin zu Ihnen gekommen, weil ich den Talmud studieren möchte.«
»Können Sie Aramäisch?« fragt der Rabbi.
»Nein.«
»Hebräisch?«
»Nein.«
»Haben Sie die Thora studiert?«
»Nein, Rabbi. Aber ich habe in Tübingen Theologie und danach in Göttingen Philosophie studiert. Für meine Dissertation über sokratische Logik bekam ich ›summa cum laude‹. Jetzt würde ich meine Bildung gerne mit einem Talmudstudium abrunden.«
»Ich zweifle sehr«, sagt der Rabbi, »daß Sie die nötigen Voraussetzungen dafür mitbringen. Der Talmud ist das tiefste Buch meines Volkes. Aber wenn Sie wollen, prüfe ich Sie in Logik, und wenn Sie bestehen, können Sie bei mir den Talmud studieren.«
Pfarrer Lindvers ist einverstanden.
Rabbi Schwarz hält zwei Finger hoch. »Zwei Männer rutschen einen Kamin herunter. Der eine kommt mit einem sauberen Gesicht heraus, der andere mit einem schmutzigen. Welcher von beiden wäscht sich nun das Gesicht?«

Der Pfarrer schaut den Rabbi entgeistert an. »Ist das die Prüfung in Logik?«

Der Rabbi nickt.

»Der mit dem schmutzigen Gesicht.«

»Falsch. Die Logik ist doch ganz simpel. Der mit dem schmutzigen Gesicht sieht den mit dem sauberen Gesicht und meint, seines sei auch sauber. Der mit dem sauberen Gesicht sieht den mit dem schmutzigen Gesicht und meint, seines sei auch schmutzig. Ergo wäscht er sich das Gesicht.«

»Raffiniert«, sagt Pfarrer Lindvers. »Stellen Sie mir die nächste Frage.«

Wieder hält Rabbi Schwarz zwei Finger hoch. »Zwei Männer rutschen einen Kamin herunter. Der eine kommt mit einem sauberen Gesicht heraus, der andere mit einem schmutzigen. Welcher von beiden wäscht sich das Gesicht?«

»Das haben wir doch schon geklärt. Der mit dem sauberen Gesicht.«

»Falsch. Beide waschen sich das Gesicht. Die Logik ist doch ganz simpel. Der mit dem schmutzigen Gesicht sieht den mit dem sauberen und meint, sein Gesicht sei auch sauber. Der mit dem sauberen Gesicht sieht den mit dem schmutzigen und meint, sein Gesicht sei auch schmutzig. Ergo wäscht er sich das Gesicht. Wenn der mit dem schmutzigen Gesicht sieht, wie sich der mit dem sauberen Gesicht das Gesicht wäscht, tut der es ihm gleich. Ergo waschen sich beide das Gesicht.«

»Oh, daran habe ich nicht gedacht«, sagt Pfarrer Lindvers. »Peinlich, daß mir ein logischer Fehler unterläuft. Stellen Sie mir noch eine Aufgabe.«

Der Rabbi hält zwei Finger hoch. »Zwei Männer rutschen einen Kamin herunter. Der eine kommt mit einem sauberen Gesicht heraus, der andere mit einem schmutzigen. Welcher von beiden wäscht sich das Gesicht?«

»Beide waschen sich das Gesicht.«

»Falsch. Keiner von beiden wäscht sich das Gesicht. Die Logik ist doch ganz simpel. Der mit dem schmutzigen Gesicht sieht den mit dem sauberen und meint, seines sei auch sauber. Der mit dem sauberen Gesicht sieht den mit dem schmutzigen und meint, seines sei auch schmutzig. Aber als der mit dem sauberen Gesicht sieht, daß der mit dem schmutzigen sich das Gesicht nicht wäscht, wäscht er es sich auch nicht. Ergo wäscht sich keiner das Gesicht.«

Lindvers ist der Verzweiflung nahe. »Ich bin ganz sicher, daß ich die Voraussetzungen für ein Talmudstudium mitbringe. Bitte, stellen Sie mir noch eine letzte Aufgabe.«

Als der Rabbi wieder zwei Finger hochhält, entfährt dem Pfarrer ein Stöhnen. »Zwei Männer«, sagt der Rabbi, »rutschen einen Kamin herunter. Der eine kommt mit einem sauberen Gesicht heraus, der andere mit einem schmutzigen. Welcher von beiden wäscht sich das Gesicht?«

»Keiner von beiden.«

»Falsch. Vielleicht begreifen Sie gojischer Kopf jetzt, warum sokratische Logik keine hinreichende Voraussetzung für das Talmudstudium ist! Wie soll es denn möglich sein, daß zwei Männer denselben Kamin herunterrutschen und der eine mit einem sauberen, der andere aber mit einem schmutzigen Gesicht herauskommt? Begreifen Sie doch endlich, daß die ganze Frage närrisch ist – und wenn Sie Ihr Leben lang versuchen, idiotische Fragen zu beantworten, werden auch alle Ihre Antworten idiotisch sein.«

Die *Welt, in der Erkennbares erkennbar ist*, ist hier durch die Antwort vertreten »Der mit dem schmutzigen Gesicht«; die *Welt, in der Erkennbares verborgen ist*, durch die Interpretation, daß der mit dem sauberen Gesicht den anderen sieht und sich daraufhin das Gesicht wäscht. Wer diese Welt der verborgenen Dinge sieht, weiß um die Neigung der Menschen, immer auf die anderen zu schauen und sich darüber zu definieren. Die *Welt, in der Verborgenes erkennbar ist*, taucht in den zwei restlichen Varianten »beide« oder »keiner« auf. In diesen beiden Fällen nehmen die Männer die Wirklichkeit nicht nur über das wahr, was sie im anderen sehen, sondern handeln auch noch wie der andere – selbst wenn es sinnlos sein sollte. Wer an die Frage aus diesem Blickwinkel herangeht, bedient sich der Weisheit und beweist sein tiefes Verständnis für die Natur des Menschen; theoretische Erörterungen und Logik treten demgegenüber in den Hintergrund. Die letzte Interpretation – »idiotisch!« – führt uns schließlich in die *Welt, in der Verborgenes verborgen ist.* Dort werden wir wieder auf die ursprüngliche Frage verwiesen, weil wir angesichts unserer Erfahrung merken, daß wir die These selbst auf den Prüfstand stellen sollten: »Wer in einen Kamin steigt, macht sich das Gesicht schmutzig.« Wem es gelingt, eine Verbindung zu den komplexen Dimensionen des wirklichen Lebens herzustellen, übt sich in jener Andacht, die aus dem Glauben erwächst. Wir sollten uns auf keinen Fall von begrifflichen Konstruktionen blenden lassen, sondern stets überprüfen, ob unsere Urteile auch die nötige Bodenhaftung haben. Unsere eigene Erfahrung wird uns dabei leiten. Viele Probleme lassen sich lösen, indem man erkennt, daß sie belanglos sind – was uns die Möglichkeit gibt, uns mit wichtigeren Themen zu beschäftigen. Dabei lernen wir, *den* Dingen mit Ehrfurcht zu begegnen, die es wirklich verdienen.

Wir Menschen müssen unbedingt zu der Erkenntnis gelangen, daß sich diese Welt nicht selbst erklärt. Das Sichtbare ist nichts weiter als ein Weg, auf dem man das Unsichtbare sichtbar machen kann; es ist das Licht, mit dem wir das verborgene Licht des Lichtes scheinen lassen können.

Redaktion: Thomas Göthel

2. Auflage 2003

Gesetzt aus der Adobe Garamond
Satz: Satz für Satz. Barbara Reischmann, Leutkirch
Druck und Bindung: Clausen & Bosse, Leck
Printed in Germany
ISBN 3-85842-405-6

ALEXANDRE JOLLIEN

Lob der Schwachheit

128 Seiten. Gebunden.

DM/sFr 29,80, öS 218,–

Alexandre Jollien, seit seiner Geburt behindert, beschreibt, wie die Philosophie ihm geholfen hat, seinem Schicksal mit positiver Kraft zu begegnen und seinem körperlichen Gebrechen einen Sinn zu geben. Mit der Perspektive, sein Leben in einer Spezialklinik zu verbringen und Hilfsarbeiten zu verrichten, hätte Jollien allen Grund gehabt zu resignieren, aber er entscheidet sich zu leben und sein Schicksal zu meistern …

»Vergessen Sie nicht, daß die Behinderten Sie auch beobachten … Kein Mensch ist normal, weil jedes menschliche Wesen einzigartig ist. Es entzieht sich jeder Definition.« (Alexandre Jollien)

»Er hat so viel zu sagen, und er sagt es gut. Mit Humor, Scharfsicht und Klarheit.« (Le Matin)

»Ein Buch wie eine kühle Brise bei größter Hitze.« (L'illustré)

PETER NOLL
HANS RUDOLF BACHMANN
Der kleine Machiavelli
174 Seiten. Gebunden. DM/sFr 29,80

»Der kleine Machiavelli« ist eine Satire auf die Gesetze des Erfolges. Im Mittelpunkt steht der Typ »Manager«, der erfolgreiche Aufsteiger der Neuzeit – oder auch der, der es gerne wäre –, dem jedes Mittel recht ist, wenn es nur der eigenen Karriere dienlich ist. Daran hat sich wenig geändert, seitdem Niccolò Machiavelli in seiner Streitschrift »Il principe« von 1513 die Regeln des Machtspiels beschrieben hat.

»Diese Satire ist so gut, daß der Leser im Grunde nicht über sie lachen kann.«
(Fernando Wassner, Frankfurter Allgemeine Zeitung)